W0228614

Mein erstes Schuljahr

Tanja Kühn

Mein erstes Schuljahr

Briefe einer Lehrerin

Herausgegeben und mit einem Nachwort
versehen von Henning Schüler

Kallmeyer

Die Deutsche Bibliothek – CIP-Einheitsaufnahme
Ein Titeldatensatz für diese Publikation
ist bei der Deutschen Bibliothek erhältlich.

Impressum

Tanja Kühn: Mein erstes Schuljahr. Briefe einer Lehrerin.
© Kallmeyersche Verlagsbuchhandlung GmbH 2002,
30926 Seelze-Velber

Alle Rechte vorbehalten. Kein Teil dieses Werkes darf ohne
vorherige schriftliche Zustimmung in irgendeiner Weise elektronisch
gespeichert oder reproduziert werden.

Realisation: Dirk Jäger / Friedrich Medien-Gestaltung
Fotos: Henning Schüler
Druck: Print Design, Minden. Printed in Germany
ISBN 3-7800-2043-2

Vorbemerkung

Das Buch der *Grund*schullehrerin Tanja Kühn über ihr erstes Schuljahr bedarf keiner Kommentierung durch einen *Hoch*schullehrer. Es beschreibt das erste Jahr eines Lehrerlebens so, dass jeder, der dieses Jahr vor sich hat oder bereits hinter sich sieht, Anteil nehmen kann.

Gleichwohl will ich eine Vorbemerkung machen. Sie soll die Entstehung der Briefe erklären, damit sie beim Lesen mit bedacht werden kann.

Tanja Kühn hat an der Universität Siegen studiert, wie die Lehramtsprüfungsordnung es verlangt: Erziehungswissenschaft, Deutsch und Mathematik als Pflichtfächer. Ihr Wahlfach war Sachunterricht. Die Studentin fiel mir bei ihrem ersten Unterrichtspraktikum auf: einfühlsam mit Kindern, ernst in der Sache, offen für Anregungen und Erfahrungen, kritisch mit sich selbst und mit ihren Professoren. Da war eine auf gutem Wege.

An das Studium schloss sich ein zweijähriges Referendariat in Bielefeld an der Laborschule an. Ihre Mentorin war Heide Bambach, die ihr im Unterricht Richtung gab und Freiheit ließ und ihr im Blick auf Kinder vor allem dies abverlangte: Nachdenklichkeit. So vorbereitet bewarb sich Tanja Kühn an einer Grundschule in Regensburg, die sich an der Montessori-Pädagogik orientiert. Da wollte man ihr ein erstes Schuljahr anvertrauen.

Mit der Freude darauf, dass sie bald Klassenlehrerin für 25 Schulanfänger sein würde, traf sie sich noch einmal mit einigen ihrer früheren Kommilitoninnen in der Grundschulwerkstatt der Universität Siegen. Es war ein unbeschwerter Tag voller Zuversicht und Pläne. Die Ausbildung war endlich abgeschlossen, der erste Schultag stand unmittelbar bevor. Welch ein Glück!

Die Gunst dieser Stunde nutzend, bat ich Tanja Kühn, mir *jede Woche* einen Brief von höchstens zwei Seiten zu schreiben, damit ich diesen in meiner Vorlesung für Studienanfänger „Grundfragen der Didaktik" vorlesen könnte. Das Ansinnen verblüffte sie. Aber ihre Freude auf den Schulanfang war so groß, dass die Bedenken, ob sie denn das Schreiben überhaupt schaffen könne und ob es des Vorlesens überhaupt wert sein werde, leicht zu überwinden waren.

Mit den Briefen von Tanja Kühn verband ich die Hoffnung, dass sie die Probleme der Grundschule und des Anfangsunterrichts gerade so in den Hörsaal der Universität bringen würde, wie sie sich im Kopf einer jungen Lehrerin darstellen: lebendig, vielfältig, komplex, zwiespältig, ungewiss. Meine Vorlesung folgte – wie sollte es anders sein – einem eher systematischen Aufbau. Das war der Stoff zum Lernen. Doch den Stoff zum Nachdenken sollten die Briefe liefern.

Ich las die Briefe, die mit wenigen Ausnahmen tatsächlich Woche für Woche kamen, in der jeweils letzten Viertelstunde meiner Lehrveranstaltung vor und gab sie aus. Während ich meine „eigentliche" Vorlesung zuweilen gegen wachsende Unruhe oder Langeweile setzen musste, war mit jedem Brief Stille und Aufmerksamkeit gewiss.

Das war etwas anderes als das, was ich zuvor vorgetragen hatte. Das war nicht die am Schreibtisch in Ruhe durchdachte Lehrmeinung, sondern das im Klassenzimmer unmittelbar Erlebte. Das war nicht der Hochschullehrer, der seine Gedanken mit Beispielen aus der Praxis zu belegen sucht, sondern die junge Grundschullehrerin, die zum ersten Mal ihre eigene Unterrichtspraxis gestalten muss.

Als mir klar wurde, auf welch große Resonanz die Briefe bei den Studierenden, aber auch bei bereits gestandenen Lehrerinnen und Lehrern trafen, wollte ich sie einem größeren Kreis zugänglich machen. So sind sie über Personen und Zufälle zum Kallmeyer-Verlag gekommen. Es ist gut, dass mit dessen Hilfe dieses Buch daraus geworden ist. Wer es liest, muss wissen, dass es nicht als Buch geschrieben wurde.

Henning Schüler   *Sommer 2002*
Grundschulwerkstatt
der Universität Siegen

Briefe von Woche zu Woche

Stimmloser Anfang

3. Oktober

◆ **Alles ist vorbereitet – für die Vertretungslehrerin.**

Ab morgen wird sie eine Woche lang die Kinder meiner Klasse unterrichten. Ich kann nicht mehr. Meine Stimme ist weg. Schon nach den ersten beiden Wochen. Ich hätte nie gedacht, dass ich meine Stimme so sehr brauchen würde. Aber sie steht unter Anspannung, den ganzen Tag. Bei Erstklässlern erst recht. Die Kinder müssen alles neu lernen. Immer wieder muss ich mich mit meiner Stimme durchsetzen. So, dass die Kinder Orientierung bekommen und wissen: Jetzt muss ich hinhören, so muss ich es machen.

Bei der Busfahrt zum Turnen muss ich zudem zwei weitere Schulklassen mit der Stimme dirigieren, bis jedes Kind einen Sitzplatz gefunden hat. Vorher können wir nicht losfahren. Manche Kinder haben schon sehr eigene Sitzwünsche, einige wünschen gleich eine Sitzbank für sich allein. Aber so viele Plätze gibt's im Bus nicht.

Oder: Ein Kind büchst aus und flitzt durchs Treppenhaus. Dann muss ich es zurückpfeifen. Doch Pfeifen hilft nicht. Ich muss das Kind laut und deutlich mit seinem Namen rufen, sonst hört es mich nicht. Am Anfang büchsen die 25 Kinder ständig aus – und brauchen eine Ewigkeit, um zur Ruhe zu kommen. Bis die letzten mitbekommen haben, dass sie leiser sein müssen, sind die ersten schon wieder laut. Sie waren ja leise. Aber da war es immer noch laut. Und passiert ist auch nichts.

Der (Schul-)Tag, an dem ich meine Stimme brauche, ist lang. Die Kinder haben dreimal in der Woche fünf Stunden, zweimal vier. Ich tanze und singe viel mit ihnen. Wenn dann noch Elternabend ist, sind das weitere drei Stunden reden.

Nun mache ich eine Stimmtherapie. Damit geht es hoffentlich besser. Ich will doch in meiner Klasse sein. Und auch dies geht mir nicht aus dem Kopf: Die Schule ist mein Arbeitgeber, dies ist meine erste Stelle, das erste Halbjahr ist Probezeit. Ich möchte so gerne alles gut machen und hier bleiben. Scheißstimme. Ich heule.

Nun schreibe ich den Kindern täglich einen Brief: dass ich an sie denken will und woran sie denken sollen. Mehr kann ich in dieser Woche nicht tun. Die Vertretungslehrerin liest den Brief in der Brotzeit vor.

◆ **Mein derzeit größtes Problem ist die Bücherecke.**

Sie ist immer gut besucht. Aber am Ende des Tages sieht sie schrecklich aus: alle Bücher „ratz-fatz" ins Regal geschmissen. So schwer ist die Ordnung doch wirklich nicht.

Es ist ein großzügiges Regal. In den beiden unteren Fächern liegen alle Bilderbücher, mit dem Titelbild nach oben (und nicht auf dem Kopf!). In dem Fach darüber stehen die Bücher zwischen Stützen. Links alle Lese-, rechts alle Sachbücher. Ganz oben auf dem Regal die von den Eltern gemachten Geburtstagsbücher der Kinder. Auch sie stehen zwischen Stützen. Die Kinder schauen sich gerne ihre Fotos an, aber kaum ein Kind macht sich gerne die Mühe, das Buch wieder zurückzustellen. Es liegt irgendwo achtlos im Regal. Anscheinend müssen die Kinder Ordnung richtig lernen. Wie geht das?

Bei den Freiarbeitsmaterialien hatte ich eine Idee. Zu Beginn konnten sich die Kinder nicht merken, was wo im Regal steht. Am Ende des Tages stand alles irgendwo. Ich war verzweifelt, räumte geduldig auf. Aber am nächsten Tag gab es das gleiche Durcheinander. Erst dachte ich, die Kinder tun das aus Achtlosigkeit. Das hat mich gekränkt. Dann habe ich ihnen erklärt, dass das nächste Kind das Material nicht finden kann, wenn es nicht an seinem Platz steht. Sie haben verständnisvoll geschaut, nur geändert hat sich nichts. Es hat einige Zeit gedauert, bis mir klar wurde: Die Kinder können es nicht anders. Sie nehmen ein Material, arbeiten damit und stellen es wieder zurück ins Regal. Das können sie und das tun sie. Aber sie können nicht einen *bestimmten* Platz innerhalb des Regals im Kopf behalten. Das Regal ist für sie Ordnung. Mehr nicht.

Also habe ich jedem Kind einen Streifen aus Karton geschnitten und darauf seinen Namen geschrieben. Das ist nun der Platzhalter. Er liegt dort im Regal, wo das Kind das Material entnommen hat. Nun weiß es, wohin es das Material zurückbringen muss. Das hilft auch den anderen Kindern, die ein Material benutzen wollen, das gerade in Gebrauch ist. Bislang sind sie dann immer zu mir gekommen und haben sehr aufgeregt berichtet, dass ein Material weg ist. Dann musste ich klären helfen. Nun können sie lesen, welches Kind gerade mit dem Material arbeitet.

◆ Jetzt weiß ich, dass ich schon am ersten Tag zwei große Fehler gemacht habe.

Zuerst die Tischordnung. Ich habe *Gruppen*tische für vier bzw. sechs Kinder gebildet. Das spart Platz und sieht freundlich aus, dachte ich. Im Mittelpunkt ein schöner runder Teppich zum Sitzen.

Doch die so freundlich wirkenden Gruppentische wirken ganz anders. Vier oder sechs kleine Kinder sitzen einander zugewandt, schauen sich an, finden sich interessant. Mich schaut keiner an. Manche sitzen sogar mit dem Rücken zu mir. Und ganz gleich, wohin ich mich stelle, für die meisten Kinder stehe ich immer falsch. Wenn ich aber für alle Kinder gemeinsam etwas erkläre, muss doch jedes Kind mich sehen, mir zuhören können. Das habe ich selbst unmöglich gemacht.

Am Wochenende habe ich umgebaut. Nun stehen die Tische so, dass jedes Kind gut nach vorne blicken kann. Am Montag werde ich erklären, dass das sein muss und dass ich einen Fehler gemacht habe.

Dann die Sitzordnung, mein zweiter Fehler. Auch dabei wollte ich freundlich sein. Jedes Kind durfte sich aussuchen, mit wem es zusammensitzen will. Kinder, die befreundet waren, fanden das prima; den anderen habe ich geholfen. Ich hätte über die Sitzordnung viel gründlicher nachdenken und sie besser vorbereiten müssen. Ich weiß immer noch nicht wie, aber Freundschaft ist zu einfach. Das merke ich schon jetzt. Jedes Kind braucht einen Platz, an dem es ungestört arbeiten kann. Der ist nicht unbedingt neben dem besten Freund.

Nachtrag nach dem Umsetzen: Den Kindern geht es gut auf ihrem Platz. Auch Emil. Nur seine Mutter macht es ihm schwer: „Ja Emil, du sitzt ja nur zwischen Mädchen! Schon blöd, oder?!" Jetzt hat Emil ein Problem, das er vorher nicht hatte.

Von Tag zu Tag

◆ **Es geht besser.**

Mehr und mehr bekommt der Schultag einen täglich wiederkehrenden Rhythmus. Die Verlässlichkeit bringt Ruhe, und die tut den Kindern gut. Sie wissen, was sie erwartet und darauf können sie sich einstellen. Verlässlich ist: Jeder Tag beginnt mit einer Freien Arbeitszeit.

Die Kinder kommen gleitend zwischen 7.30 Uhr und 8.00 Uhr in die Schule. Als Erstes ziehen sie sich ihre Hausschuhe an, tragen ihr Kommen in ein dafür vorgesehenes Buch ein und gehen dann an die Arbeit. Bis 9.00 Uhr. Jedes Kind an seine, manche arbeiten zusammen, einzelne oder auch mehrere mit mir.

Anfangs kamen viele Kinder morgens in die Schule und wussten nicht so recht, was sie tun sollten. Sie haben darauf gewartet, dass ich es ihnen sage. Nun akzeptieren sie, dass ich bereits mit anderen Kindern arbeite. Sie müssen in ihre eigene Arbeit finden oder sich uns anschließen.

Die Unterschiede sind groß. Janna kommt morgens zur Tür herein und hat sich fest etwas Bestimmtes vorgenommen. Sie geht zielstrebig zu einem Regal und nimmt sich ein Material (gern das, was ich am Tage zuvor eingeführt habe). Ida-Rike macht das auch so, Kerstin sowieso. Lorena hingegen braucht Zeit, bis sie weiß, was sie tun möchte. Sie schaut erst bei mir, dann bei Lucia, dann bei Elisabeth, dann bei Tim (immer in dieser Folge), dann wieder bei mir, und ich bringe sie schließlich mit sanftem Nachdruck an die Arbeit. So ist das jeden Morgen, aber es gibt immer weniger Kinder, die morgens kommen und warten. Immer mehr können sich entscheiden.

Jerome ist allerdings ein besonderer Fall. Er zieht sich – wie die anderen auch – seine Hausschuhe an, trägt sich ins Buch ein und stellt die Schultasche an ihren Platz. Dann setzt er sich auf seinen Stuhl, stützt den Kopf auf die Hand und – starrt die Tafel an. Mehr tut er nicht. Wahrscheinlich tut er dies nicht so lange, wie es mir vorkommt, weil ich das nicht aushalte. Aber mir kommt es vor wie eine halbe Stunde, eine Ewigkeit.

Freitag allerdings passierte dies: Jerome zog sich die Schuhe aus, trug sich ins Buch ein, stellte die Tasche hin und – holte sich einen Teppich aus dem Ständer, rollte ihn bedächtig aus, strich die Kanten sorgfältig glatt, holte sich aus dem Regal den *Rosa Turm* und begann ihn aufzubauen. Ich sagte kein Wort, staunte nur.

Zur Verlässlichkeit gehört auch die tägliche Versammlung im Kreis nach der Freien Arbeit. Dann frage ich: „Alexander, was hast du heute gearbeitet?" Alexander sagt, was ihm zu dieser Frage rückblickend in den Sinn kommt. Auf einer Karteikarte mache ich mir Notizen, damit ich den Überblick behalte und die Kinder spüren, wie ernst ich ihre Arbeit nehme. So frage ich jedes Kind jeden Tag. Es ist diese Ernsthaftigkeit, die die Arbeitszeit bestimmt. Manchem Kind hilft sie, sich einer Arbeit überhaupt zuzuwenden. Es weiß (andere erinnere ich daran), ich werde in einer Stunde ganz ruhig, aber auch sehr bestimmt fragen: „…, was hast du heute gearbeitet?"

Seit ich diesen Rhythmus konsequent einhalte, klappt es sogar mit Nelson. Anfangs hat er in der Freien Arbeitszeit ausschließlich gelesen. Er liest fast so fließend wie ich. Zu allem anderen hatte Nelson keine Lust. Über zwei Wochen habe ich ihn in der Bücherecke gelassen. Nun aber habe ich ihm die Pflicht auferlegt, neben dem Lesen noch eine andere Sache zu machen. Zu Beginn musste ich ihn stets an diese Vereinbarung erinnern. Dann hat er sich – mürrisch dreinschauend – an das *Geräusche-Memory* oder die *Metallenen Einsätze* begeben. Das war reine Beschäftigung für ihn, nichts, was ihn forderte. Er wollte mich nur zufrieden stellen. Doch am Freitag kam er von selbst aus der Bücherecke und hat eine Perlenkette gelegt. Nach der ersten die zweite, dann die dritte … Ganz konzentriert. Nach der sechsten kam er zu mir und sagte: „Heute mache ich ganz viele Perlenketten, denn ich bringe sie mir bei. Danach nehme ich mir immer *eine* in der Freien Arbeitszeit vor. Nur zum Lernen mache ich erst mal ganz viele." Einverstanden.

Verlässlich ist: Im Kreis sprechen wir nur über die Arbeitszeit. Alles andere hat dort keinen Platz. Und nach dem Kreis folgt eine *leise* gemütliche Brotzeit in der Klasse mit einer anschließenden langen (immer auch *lauten*) Pause im Hof.

Verlässlich ist: Nach der Pause bestimme ich, was gemacht wird, indem ich unterrichte, indem ich mich an alle wende. Auch das ist für die Kinder nicht einfach. Nun müssen sie zuhören, sich an Gesprächsregeln halten, das tun, was ich vorgebe. Doch auch das geht von Tag zu Tag besser, denn die Kinder wissen: Es ist jeden Tag so – ohne Ausnahme.

Verlässlich ist auch: Danach singe ich mit ihnen und zum Abschluss lese ich vor. *Pu der Bär.* Nach dem letzten vorgelesenen Satz habe ich nur noch eins zu sagen: „Wie es weitergeht, lese ich morgen vor." Dann seufzen alle und ich sage: „Tschüs und einen schönen Nachmittag."

Was ich bis dahin zu sagen vergessen habe, muss auf den nächsten Tag verschoben werden. Zwischen Singen, Vorlesen und Schluss ist für nichts anderes Platz. Ich muss lernen, *vorher* an alles zu denken.

Schwer werden mir Tage, an denen mir der gemeinsame Unterricht zu unruhig ist. Dann würde ich den Kindern zum Abschluss lieber eine Moralpredigt halten als mit ihnen zu singen. Aber das gehört zu den Regeln, an die auch ich mich halten muss: Singen, Vorlesen, Tschüs.

Zur Verlässlichkeit trägt auch der Tagesplan bei. Er hängt im Wechselrahmen DIN A1 vorne an der Wand. Morgens liest ihn jedes Kind für sich (nach seinen Möglichkeiten), im Anschluss an die Pause liest ein Kind ihn für alle vor, manchmal lese ich selbst.

Der Tagesplan hilft auch mir. Was ich dort morgens angekündigt habe, muss ich machen.

Dominik und vier Buchstaben

24. Oktober

◆ **Dominik ist wieder da.**

Von Montag bis Donnerstag war er auf der Beerdigung seiner Großmutter. Das tat mir Leid. Aber dass Dominik ein paar Tage fort war, tat mir auch gut. Es gibt Kinder, die schwierig und störend sind und mich damit überfordern. Dann *schimpfe* ich zuweilen, dass es so nicht geht (ich meine es ja nicht so, aber die Kinder sagen, ich schimpfe). Meist ist die Unstimmigkeit rasch behoben, doch die mit Dominik ist komplizierter.

Etwa in der Arbeitszeit: Dominik sitzt am Hunderter-Brett. Mein Eindruck ist (er ist mittlerweile ziemlich sicher), dass ihn die Sache nicht interessiert, sondern er sich ihr nur zuwendet, um sich anderen zu beweisen. Dominik kann lange darüber reden, was er schon alles kann. Und er redet so lange, dass keine Zeit mehr bleibt, *es zu tun*. Er ahnt, dass ich ihn durchschaue. Mehr als meine Aufmerksamkeit sucht er die der anderen Kinder. Sie ist leichter zu haben. Jedes Kind, das vorbeikommt, macht er mit einem Zupfen am Ärmel oder einem netten Satz auf sich aufmerksam. Kaum ein Kind kann sich dem entziehen. Dominik ist wirklich ein netter Kerl. So lenkt er die anderen auf sich. Sie lassen sich ein auf ihn. Mit der Sache hat das nichts zu tun.

Ich erinnere die Kinder freundlich, dass *Arbeitszeit* ist. Kurze Zeit später folgt ein neuer Ablenkungsversuch. Gleich noch einer. Ich sage Dominik, dass seine Arbeit das Hunderter-Brett ist. „Ups", sagt er freundlich verschmitzt, „hatte ich vergessen." Drei Minuten später noch einmal. Mir fällt nichts Gutes mehr ein, nur: „Wer in der Arbeitszeit Pause macht, macht in der Pause Arbeitszeit." Also verordne ich Dominik fünf Minuten zusätzliche Arbeitszeit nach der Brotzeit. „Das macht mir nichts", antwortet er. Dominik ist vor allen anderen Kindern mit der Brotzeit fertig und fragt mich, ob er aufstehen dürfe. Selbstverständlich darf er. Ich drehe mich um und – schwups – hat er sich in Windeseile Schuhe und Jacke angezogen und ist draußen auf dem Hof. Ich lasse ihn zurückholen und erkläre mit Nachdruck, dass ich ihm doch zusätzliche Arbeitszeit verordnet hätte. „Ach so", sagt er scheinheilig, „ich dachte, aufstehen heißt auch rausgehen." Er ist ein Meister im Tricksen, unterläuft die Regeln und schaut treuherzig drein. Ich muss ständig auf ihn achten. Das mag er, selbst meinen Zorn scheint er zu genießen. Die vier Tage ohne Dominik waren gute Tage. Ich hatte Zeit für die anderen Kinder und Zeit, mich mit Dominik zu versöhnen.

Dominik möchte bewundert werden. Für ihn ist es ein Problem, dass andere Kinder in manchen Dingen mehr können als er. Einige können bereits lesen – das kann er noch nicht; andere schreiben Geschichten – das kann er auch noch nicht. Rechnen und die Pause sind ihm das Wichtigste. Im Rechnen ist er geschickt und schnell, da genießt er, was er kann und worin ihn andere bewundern. Um zu anderem zu finden, braucht er Halt, Wegweisung, Ermutigung. Das brauchen alle Kinder. Aber Dominik braucht manchmal von mir mehr Kraft, als ich habe.

◆ Gleich zu Beginn des Schuljahres habe ich bei den Kindern vier Buchstaben eingeführt: das M, das L, das I und das O.

Die Kinder sollen lernen, wie der Buchstabe klingt und wie man ihn schreibt. Den Schriftzug habe ich ihnen an der Tafel vorgemacht. Dort schreiben sie ihn mehrere Male nach. So üben sie den Schreibablauf mit dem ganzen Arm, so groß wie möglich. Damit das Bild sich einprägt, schreiben sie den Buchstaben ins Sandtablett, auf kleine Tafeln, fahren ihn auf Sandpapier nach. Feinmotorisch üben die Kinder den richtigen Bewegungsablauf auf der eigenen Plastiktafel, dann in ihrem Schreibheft.

Im Schreibheft ist für jeden Buchstaben eine Doppelseite vorgesehen. Oben auf die rechte Seite habe ich den Buchstaben groß geschrieben, mit Pfeilen für den richtigen Schreibablauf. Unten habe ich zwei Reihen Lineatur Erstes Schuljahr eingeklebt. Nachdem die Kinder den Buchstaben geübt haben, schreiben sie ihn schön in die Linien. Ich zeige ihnen, wo er „in den Linien wohnt".

Auf die linke Seite malen die Kinder dann Wörter, in denen sie den Buchstaben am Anfang oder am Ende hören. Das Hören in der Mitte ist für sie schwieriger. Damit den Kindern zum Buchstaben Wörter einfallen, gibt es zu jedem Buchstaben eine Schachtel. Darin sind Gegenstände mit Karten, auf denen der Name geschrieben ist. Der jeweilige Buchstabe in einer besonderen Farbe. So hören und sehen die Kinder ihn. Auf die Schachtel ist der Buchstabe aus Holz geklebt, damit die Kinder ihn sehen und anfühlen können. Diese schönen Schachteln haben uns die Eltern angefertigt und dabei meine Bitte aufgenommen, die Buchstaben nicht eigens „lustig" zu machen, sondern so zu lassen, wie sie sind. Die im Handel erhältlichen Buchstaben sind fast alle bunt, verziert, das A mit Kopf und Hut, das H mit Händen und Füßen. Die eigentliche Form des Buchstabens geht verloren. Für Erwachsene mag das lustig sein, für Lernanfänger scheint es mir belastend.

Laut und leise

31. Oktober ◆ **Heute ist es aus Emil herausgebrochen.**

Ich saß auf einem Stuhl mit Kindern im Gespräch, als Emil mir von der Seite auf die Schulter tippte. „Augenblick", sagte ich. Er tippte wieder, energischer. Ich wieder: „Augenblick!" Dann war es zu spät. Als ich mich ihm zuwandte und verstand, kam sein Mageninhalt über mich. Emil war erleichtert, ich voll. Darauf waren wir beide nicht vorbereitet. Ich hatte nicht einmal Eimer und Aufwischer im Klassenzimmer.

Meine größte Sorge war, dass ein anderes Kind den Geruch nicht ertragen könnte. Auch mich kam er hart an. „Wer es nicht aushalten kann, darf sich auf den Flur setzen." Dort saßen dann die Kinder, aufgereiht nebeneinander, voller Mitleid für Emil.

◆ **Inzwischen weiß ich: Die Kinder können leise arbeiten,**
   aber sie müssen es erst lernen.

Bei 25 Kindern in einem Raum von acht mal neun Meter ist das, was im Einzelfall durchaus akzeptabel ist, für ein konzentriertes Arbeiten der Kinder und für ihr Wohlbefinden oft schon zu laut. Simon klagt über Kopfschmerzen, Elisabeth hält sich die Ohren zu, Ida-Rike kündigt entschieden an, dass sie erst weiterarbeiten könne, wenn die anderen leiser sind. Ich empfinde das anders. Aber auf mich kommt es nicht so sehr an. Die Kinder sind ab 7.30 Uhr in der Schule. Fünf lange Stunden, bis 12.30 Uhr. Alle 25 in einem Raum. Es muss einfach leiser werden. Doch einfach ist das nicht.

Im gemeinsamen Unterricht klappt es schon recht gut. Die Kinder haben verstanden, auch wenn sie es immer wieder vergessen: Wenn *ich, ihre Lehrerin,* etwas für *alle* erkläre, ist es wichtig, dass *jeder* mir zuhört. Das gilt auch, wenn ein Kind etwas zu sagen hat. Noch nicht gut klappt es in der Freien Arbeitszeit. Da ist Emil, der quer durch die ganze Klasse nach mir ruft, Lorena, die die Dosen mit den Pfeilen für die Perlenketten als Samba-Rasseln probiert. Oft reicht eine freundliche Ermahnung meinerseits, aber sie wird (noch?!) zu oft gebraucht.

Schwieriger ist es mit Linda. Alles, was sie macht, macht sie lauter als andere Kinder. Wenn Linda mit den Spindeln arbeitet, legt sie die Holzstangen nicht leise in die Holzkästen, sondern knallt sie geräuschvoll hinein. Irgendwie braucht sie den Krach. Ich freue mich, dass sie mit den Spindeln arbeitet, die Übung hilft ihr weiter. Zugleich wünsche ich mir sehnlich, sie täte es leiser. Doch darum bitten kann ich sie nicht. Linda würde ihre Arbeit abbrechen und sich von mir abwenden, damit ich sie nicht weiter kritisieren kann. Ich muss das aushalten und auf meine Chance warten. Es gibt Situationen, in denen Linda für solche Hinweise zugänglich wird.

Meist sind es nicht einzelne Kinder, die zu laut sind, sondern alle, weil sie zusammen sind. Wie aber soll ich darauf reagieren? Ich sage laut, dass es zu laut ist. Doch das bewirkt nichts. Denn aus seiner Sicht und für sich genommen arbeitet ja jedes Kind durchaus leise. Sie reden eben gern miteinander, wollen sich etwas mitteilen, etwas fragen, etwas – im wahrsten Sinne des Wortes – zur Sprache bringen. Nichts ist dagegen einzuwenden! Und doch …

Nun soll eine Regel helfen: Freie Arbeitszeit bedeutet Einzelarbeit. Keine Arbeit zu zweit oder zu dritt. Es gibt nur wenige Ausnahmen, die aber sind wichtig: das *Hunderter-Brett,* die *Perlenketten,* die *Streifenbretter.* Nur wenige Kinder können mit diesen Materialien schon allein arbeiten. Zusammen geht es besser. Sie stärken und korrigieren sich wechselseitig.

Ausgenommen von der Regel der Einzelarbeit sind auch Martin und Jannik. Ihnen biete ich sogar an, zusammenzuarbeiten, auch wenn das nicht immer leise gelingt. Beiden fehlt noch die Kraft, etwas Eigenständiges zu tun. Jannik liegt meistens nur müde mit dem Arm aufgestützt auf seinem Platz. Meine ermutigenden Vorschläge, was er tun könnte, lehnt er durchweg ab: „Nee, ich mag nicht." Martin mag schon, nur weiß er allein nicht, was. Wenn ich ihn frage, was er arbeiten möchte, antwortet er zumeist: „Mit Jannik zusammen." Dann mag auch Jannik arbeiten. Also lasse ich sie. Diese Unruhe muss sein.

Trotz der Regel dulde ich auch die Kinder, bei denen ich nicht merke, dass sie zu mehreren zusammenarbeiten. Denn wenn ich es nicht merke, stört es ja auch nicht. Es ist vielmehr das, was ich mir wünsche. Doch bei den Kindern, die das noch nicht können, fordere ich die Einhaltung der Regel mit Nachdruck. Sie sollen zuerst lernen, allein an einer Sache zu arbeiten. Erst wenn ein Kind sich auf eine Sache konzentrieren kann, kann es auch mit einem anderen an einer Sache arbeiten, ohne dass sich beide gegenseitig von ihr ablenken.

Zugleich müssen die Kinder lernen, sich auf die Gegebenheiten einzustellen. Nicht immer kann man von den anderen erwarten, dass sie mit ihrer Lautstärke Rücksicht auf die eigenen Bedürfnisse nehmen. Ida-Rike findet häufig, dass es ihr zu laut ist. Sie äußert das entschieden, weiß sich aber auch selbst zu helfen. Zum Beispiel in der Versammlung nach der Freien Arbeitszeit: Auf meine Frage, was Ida-Rike heute gearbeitet habe, sagt sie ein wenig vorwurfsvoll: „Ich war in der Bücherecke, aber da war es mir zu laut. Dann habe ich mein Buch genommen und es mir auf meinem Platz angeschaut." Gut so.

◆ Acht Wochen habe ich gebraucht, um auf gute Weise die Freie Arbeitszeit zu beenden und die Kinder im Kreis zu versammeln.

Meine erste Weise war ein klares Wort: „Die Arbeitszeit geht langsam zu Ende", wobei ich zuvor den Kindern erklärt hatte, was *langsam* meint: Man bringt die angefangene Arbeit zu Ende oder verschiebt sie auf den nächsten Tag, bringt das Material zurück, nimmt sich kein neues mehr, räumt den Sitzplatz auf, schiebt den Stuhl ran und kommt in den Kreis. Mein Wort bewirkte aber keinen sanften Übergang. Alle wollten ja meiner Anweisung rasch folgen – allgemeines Durcheinander.

Meine zweite Weise war der klare Klang einer kleinen Glocke. Er sollte das Ende der Arbeitszeit sanfter einläuten. Aber das Glockenzeichen wirkte nicht. Die Kinder überhörten es, sodass ich es wiederholen und verstärken musste. Wurde es endlich gehört – erneut allgemeines Durcheinander.

Nun mache ich es anders und es geht gut. Zum Ende der Arbeitszeit nehme ich die Gitarre und zupfe eine schöne Melodie. Die Wirkung kommt nicht abrupt, aber verlässlich. Mit der leisen Musik füllt eine ganz eigene Stimmung den Raum, der sich kaum ein Kind entzieht. Ich sitze im Kreis, mache Musik und warte, bis auch das letzte Kind zu uns kommt.

Erst wenn alle beisammen sind, höre ich auf zu zupfen. Nun ist es ganz still. Ich nehme den Kasten mit den Karteikarten und beginne wie jeden Tag: „…, was hast du heute gearbeitet?"

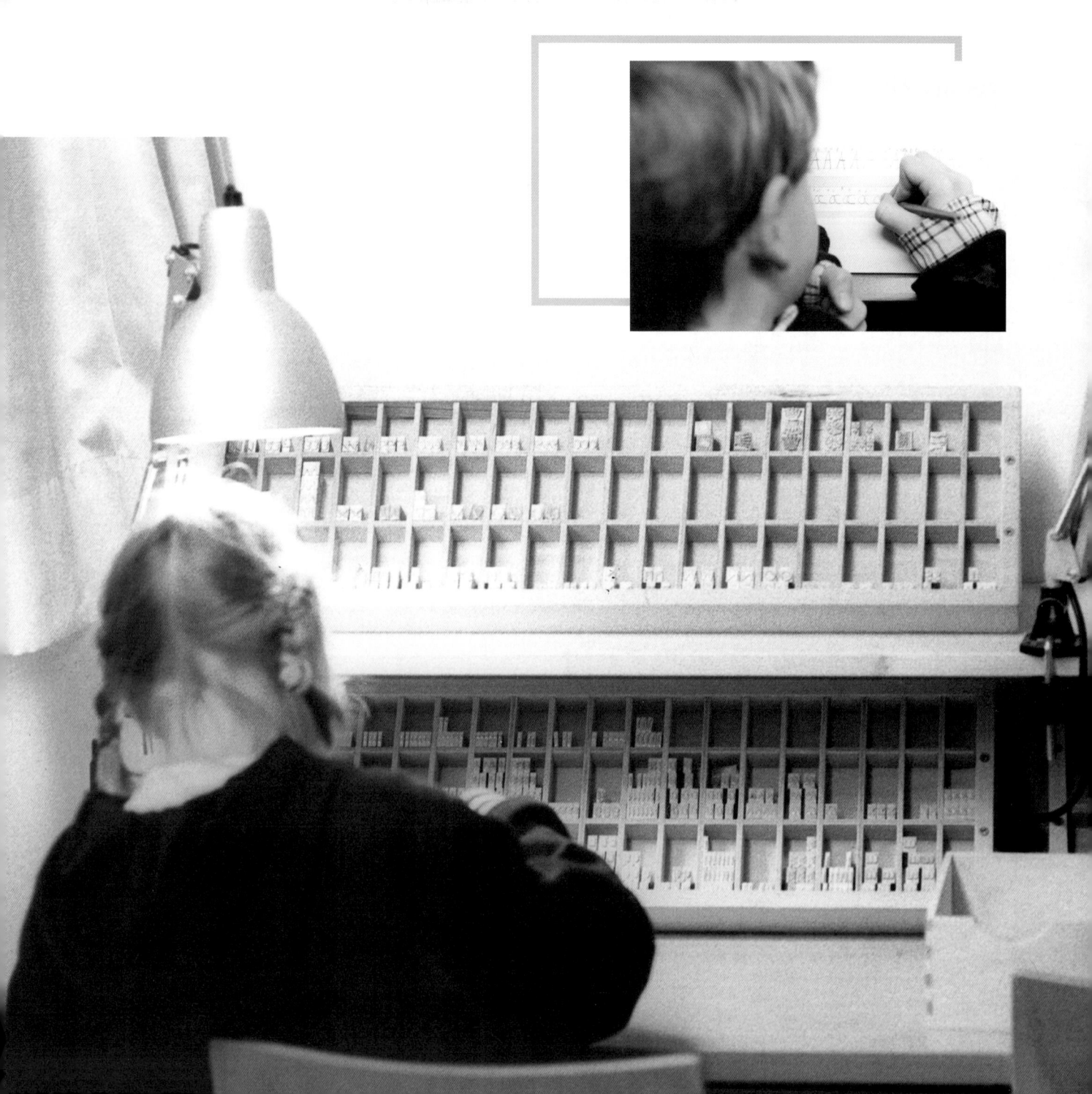

Es war ein Kater.
Der suchte die
Katze. Dann fand
er sie.
Rebekka

Verschüttetes und Gedrucktes

14. November

◆ **Am Freitag haben die Kinder zum ersten Mal mit Wasserfarbe gearbeitet.**

Beim Aufräumen ist es dann passiert. Nelsons schwarzgrünes Krokodil-Wasser hat sich über den Teppich ergossen. Der Teppich ist unser Versammlungsteppich. Er ist hell und schön. Die Kinder wissen, wie wertvoll er für uns alle ist. Sechs Wochen haben wir für ihn gespart und gewartet. Nun also Teppich mit Tuschwasser.

Natürlich habe ich mich über Nelson geärgert. Das konnte *nur ihm* passieren. Ständig wuselt er durchs Klassenzimmer. Wenn alle ruhig auf ihrem Platz sitzen, sitzt er noch lange nicht. Immer braucht er mindestens eine Extraaufforderung. Geschimpft habe ich mit Nelson aber nicht. Er hat ja selbst gemerkt, was ihm passiert ist. Alle haben es gemerkt. Jeder Kommentar von mir hätte die Sache für Nelson nur schlimmer gemacht.

Am Samstag habe ich mich daran gemacht, die Flecken mit Teppichschaum zu entfernen. Ganz sind die Spuren nicht verschwunden. Aber das müssen sie auch nicht, denn so hässlich sie sind, sie haben auch ihr Gutes. Man sieht, dass etwas passiert ist; man sieht aber auch, dass versucht wurde, den Schaden zu beheben. Das meiste ist weg, etwas bleibt: Lebensspuren. Es gibt sie nur in einer Umgebung, wo Spuren sichtbar werden. Nur dort können Kinder den pfleglichen Umgang lernen. Ein zu pflegeleichter Boden nimmt überhaupt keine Flecken an, ein zu gammeliger lässt alle verschwinden. Zu Gleichgültigkeit erziehen sie beide. Maria Montessori gibt Kindern feines Porzellan in die Hand, damit sie den Umgang mit Zerbrechlichem, Wertvollem üben können. So sehe ich den Teppich – mit Lernspuren von Nelson.

Deshalb sind auch unsere Trinkbecher nicht aus Plastik. Plastik geht nicht kaputt. Das klingt gut, ist aber schlecht. Einige Eltern habe ich auf dieses Verständnis erst aufmerksam machen müssen. Sie fanden Plastik kindgemäß.

Auch unsere Bücher in der Bücherecke sind ohne Schutzumschlag. Eine Folie würde den Einband schützen, aber sie hätte auch Wirkungen auf den Umgang der Kinder mit der Sache. Natürlich will ich, dass die Bücher möglichst lange halten und schön bleiben. Aber zugleich möchte ich, dass die Kinder lernen, achtsam damit umzugehen. Also klebe ich die zerrissene Seite mit Tesafilm, reinige den Teppich, ersetze das zu Bruch Gegangene und lasse damit erkennen, dass mich dies nicht gleichgültig lässt. Nicht vorwerfend, aber deutlich.

◆ **Nele ist die Erste, die ihre selbst geschriebene Geschichte zum Druck setzen darf.**

Das Setzen fordert ihre Konzentration während der gesamten Arbeitszeit. Sie hält durch, ohne dass ich sie dazu anhalten muss. Sonst fragt mich Nele meist schon zu Beginn einer Arbeit, wie lange sie das machen muss. (Nele ist zu mir gekommen, nachdem sie schon ein Jahr auf der Regelschule war.)

Als Nele heute nach Hause geht, verabschiedet sie sich von mir mit den Worten: „Heute war mein schönster Schultag. Beim Turnen haben wir ‚Fischer, Fischer‘ gespielt. Dann spielst du immer mit und bist der ‚Fischer‘. Und du bist so schnell! Dann hast du mich die ganze Arbeitszeit meine Geschichte setzen lassen.“

Am folgenden Tag kann Nele ihre Geschichte drucken. Sie braucht dazu zwei Kinder, die ihr helfen. Ich schlage ihr einige vor, von denen ich glaube, dass sie gute Mitarbeiter für Nele wären. Wir sind uns rasch einig: Ricarda und Isabel werden helfen. Ich erkläre den dreien die Druckarbeit, walze die von Nele gewählte Farbe aus und mache einen Probedruck. Den Rest der Arbeitszeit arbeiten die Kinder selbstständig. Ab und an schaue ich vorbei, gebe einen kleinen Hinweis, walze etwas Farbe nach. So glücklich habe ich Nele in der Schule noch nicht erlebt. Und von diesem Glück bekomme auch ich etwas ab, wenn sie sagt: „Du kennst dich aber gut aus mit der Druckerei.“

Nele spürt meine Kompetenz im Umgang mit der Schuldruckerei. Ich merke, wenn zu viel Farbe auf dem Blech ist, und kann den Kindern erklären, wie sie die Menge kontrollieren können. Glücklicherweise habe ich das Drucken während meines Studiums in der Grundschulwerkstatt so gründlich gelernt und geübt, dass ich mich nun auf die Kinder konzentrieren kann. Dieses Können habe ich auf eben die Weise erworben, wie ich es nun weitergebe: durch Tun, weniger durch Reden. Anderes kann ich nicht so gut, ich muss es nun aber genau so gut machen: Singen, Bewegungsspiele, Schreiben an der Tafel, Zeichnen. Dieses Können ist in meinem Studium nicht vorgekommen. Immer nur Probleme und Ansprüche. Ich weiß dies und das, aber mit dem Können hapert es.

Beim Drucken spürt Nele, dass ich, ihre Lehrerin, richtig was kann, und dass sie dies von mir lernen kann. Das tut uns beiden gut. Am Ende mag Nele es kaum glauben: 40 Drucke haben die drei Kinder in einer Arbeitszeit geschafft. Die lange Leine im Flur ist voll gehängt – mit Neles erster Geschichte. „Darf ich mir beim nächsten Mal wieder Ricarda zum Helfen aussuchen?“, fragt Nele. „Ricarda war nämlich sehr gut.“ Nele weiß: Es ist *ihre* Geschichte; sie ist in *ihrem* Kopf unter *ihren* Händen entstanden, aber beim Drucken ist sie auf andere angewiesen. Ricarda legt das Papier immer sehr akkurat auf die Presse, das ist eine große Hilfe. Morgen wird Nele ihre Geschichte zurücksetzen und sie weiß bereits jetzt, wie ihre nächste beginnen soll.

Lernlast und Lernlust

21. November

◆ **Nach den ersten sechs Schulwochen habe ich mit den Kindern ein Wörter-Diktat gemacht.**

Es lehnt sich an die Hamburger Rechtschreibprobe an. Im Abstand von etwa acht Wochen werden den Kindern schwierige Wörter diktiert. Es sind die gleichen, die zwischendurch nicht geübt werden. So bekomme ich als Lehrerin einen Überblick über die Schriftsprachentwicklung der Kinder. Ich sehe, was sie in den letzten Wochen dazugelernt haben und was sie als Nächstes brauchen. Die Wörter werden nicht diktiert, sondern die Kinder bekommen eine Vorlage mit dem entsprechenden Bild. Hinter jedem Bild ist eine Linie, auf die sie das Wort schreiben sollen. Nelson hat zu jedem Wort den passenden Anlaut geschrieben. Den Buchstaben also, den man am Anfang des Wortes hört. Das ist viel und zugleich normal für den Schulbeginn.

In den ersten Wochen dachte ich, Nelson könne lesen, aber noch nicht schreiben. Jedenfalls hat er nie etwas geschrieben. Seinen Namen hat er nur mit *Ne* wiedergegeben. Erst spät ist mir aufgefallen, dass Nelson nicht den Laut des Wortes notiert hat, den man hört, sondern den ersten Buchstaben. Offensichtlich weiß Nelson bereits, wie man die Wörter richtig schreibt: nämlich manchmal anders, als man sie hört. So hat er bei *Eichhörnchen* richtig das E, nicht das A hingeschrieben, das man hört. Bei *Pferd* das P, nicht das F, das man hört. Über den ersten Buchstaben ist er beim Schreiben allerdings nicht hinausgekommen. Nicht, dass er nicht wüsste, wie es weitergeht; es ist ihm einfach zu mühsam und *das* mag er nicht.

Erst seit wir die Schuldruckerei in Betrieb genommen haben, will er. Seit zwei Wochen arbeiten die Kinder dort. Zwei Tage hat Nelson wortlos zugeschaut, wie andere Kinder ihre Geschichten setzten und vervielfältigten. Nun schreibt Nelson seine eigene Geschichte – und schon sein Entwurf ist rechtschriftlich nahezu korrekt. Das macht Eindruck und *den* genießt er.

Nach den Herbstferien mag Nelson nicht ins Klassenzimmer kommen. Auf dem Flur hält er sich an seiner Mutter fest. Als ich mich ihm zuwende, versteckt er sich hinter ihr. Ich will ihm den Übergang zwischen Ferien und Schule erleichtern, indem ich beiläufig und unbedacht sage: „Komm, Nelson, ist doch nicht so schlimm; als Erstes gehen wir ja zum Turnen." Nelson schaut mich an und erwidert: „Das ist ja mein Problem. Ich kann diesen Kinderkram nicht leiden!"

Am nächsten Tag will ich ihm durch Klugheit gefallen und erkläre ihm den vermeintlichen Kinderkram mit den Römern, die er aus Asterix kennt: *Mens sana in cor-*

pore sano." Nelsons Augen leuchten: „Was heißt das denn?" – *„Geist und Körper gehören zusammen."* Meine dürftigen Lateinkenntnisse versöhnen ihn aufs Erste mit mir und dem Turnen.

◆ **Alle Kinder meiner Klasse wollen lernen und
  sie lassen daran keinen Zweifel.**

In der Arbeitszeit komme ich mit der Einführung neuer Materialien oder dem Vorschreiben neuer Buchstaben kaum nach. Es gibt aber auch Zeiten, da interessiert sich kaum ein Kind für Zahlen oder Buchstaben. Dann sind sie – nicht weniger emsig – mit ganz anderem beschäftigt: Schatzkarten entwerfen, Papierflieger falten und immer wieder malen. Wie viel Raum soll ich dem geben? Wie lange dürfen Kinder in der Grundschule ohne Buchstaben und Zahlen sein? Manchmal halte ich es nicht mehr aus, kann mich nicht zurückhalten. So fragte ich gestern ungeduldig Kerstin, ob sie nach dem Basteln noch etwas anderes machen werde. „Nee, ich habe gestern so viel gerechnet. In der Schule und auch noch zu Hause. Heute bastle ich nur."

Oder Ida-Rike. Auf meine drängende Frage, ob sie nach dem Malen noch etwas arbeitet, antwortet sie selbstbewusst: „Malen ist doch Arbeiten." In der anschließenden Versammlung stellt Ida-Rike ihre Arbeit den anderen Kindern vor: Frühling, Sommer, Winter. Diese Jahreszeiten hat Ida-Rike gemalt. Die Kinder frage ich, welche Jahreszeit Ida-Rike *nicht* gemalt hat. Zusammen kommen sie auf den Herbst. Am nächsten Morgen malt Ida-Rike wieder – die ganze Arbeitszeit über. In der Versammlung stellt sie ihre Bilder vor: „Diesmal habe ich keine Jahreszeit vergessen."

Ich möchte, dass die Kinder ihre Lernlust behalten. Ich mag sie nicht bremsen in dem, was in ihnen steckt und was sie aus sich heraus gern tun. Zugleich muss ich sie an das heranführen, was die Schule sonst noch von ihnen verlangt. Die Gratwanderung ist schwierig. Die Kinder lernen viel an jedem Tag, aber lernen sie auch genug Lesen, Schreiben, Rechnen? Bringe ich ihnen genug bei? Die Frage beunruhigt mich – jeden Tag.

Schreibtabelle und Schreibanlässe

◆ **Nach nur zehn Wochen können alle Kinder schreiben.**

Auch die, denen es am Anfang schwer gefallen ist. Sie schreiben mithilfe einer Anlauttabelle. Ich nenne sie *Schreibtabelle*, denn für die Kinder ist dieser Begriff verständlicher. Es ist die Anlauttabelle von Jürgen Reichen mit geringfügig geänderten Bildern.

Als ich während der Vorbereitung zum Schulanfang darüber nachdenken musste, wie ich mit dem Schreiben und Lesen beginne, war ich irritiert, wie viele verschiedene Anlauttabellen es gibt und wie sehr sie sich in den Illustrationen unterscheiden. Viele Darstellungen sind einfach schlecht, weil nicht klar ist, was sie zeigen. Doch auf die Bilder kommt es an. Sie müssen sachlich-nüchtern und für die Kinder eindeutig sein. Deshalb habe ich mich für die Reichen-Tabelle entschieden. Um die Überarbeitung der Bilder bat ich eine befreundete Grafikerin.

Wie wichtig die Klarheit der Bilder ist, habe ich bei den Kindern bemerkt, die noch keine Vorkenntnisse im Umgang mit der Schrift hatten. Isabel zum Beispiel hat ziemlich lange gebraucht, bis sie die Laute bestimmen und dann den Bildern der Schreibtabelle zuordnen konnte. Für Isabel war es entscheidend, dass es *ein* verbindliches Bild in der Schreibtabelle gibt. M ist Mond und B ist Buch. Da darf kein Zweifel sein.

Die Schreibtabelle ist ein Instrument wie etwa die Tastatur. Wie irritierend wäre es für uns Erwachsene, wenn die dort abgebildeten Buchstaben jeden Tag in einem anderen Schrifttyp abgebildet wären, nur damit wir lernen, sie in jedem Schrifttyp lesen zu können. Umgekehrt geht es einfach. Ist die klare Form des Buchstabens einmal gelernt, sind Abweichungen vom Schriftbild kein Problem.

Jedes Kind hat von mir seine eigene Schreibtabelle als DIN-A4-Blatt bekommen. Dazu habe ich gelbe Glassteine gekauft. Einen Stein für jedes Kind. Den schiebt es auf den Buchstaben, den es hört. Der Stein wirkt wie eine Lupe. Groß und gelb leuchtet der Buchstabe aus den anderen hervor.

Die Anlauttabelle von Reichen ist nach dem Klang der Anlaute geordnet. Was ähnlich klingt und somit für die Kinder schwer zu unterscheiden ist, steht sich gegenüber: Ch und R, D und T, B und P, M und N. Andere auf dem Markt erhältliche Tabellen sind nach dem Alphabet geordnet. Vermutlich ist der Grund der, dass die Kinder später sowieso die Ordnung des Alphabets lernen müssen. Mir macht das wenig Sinn. Das Alphabet ist eine willkürlich festgelegte Abfolge der Buchstaben, jedenfalls ist sie nicht von deren Klang bestimmt. Aber eben auf den Klang kommt es beim Schreibenlernen an. Das Alphabet können die Kinder beim Drucken oder beim Gebrauch des Wörterbuchs lernen.

◆ Am Freitag habe ich die Kinder zum zweiten Mal ein Wörter-Diktat schreiben lassen.

Das erste Wort, das die Kinder selbstständig schreiben müssen, ist Baum. Nach einer Weile kommt Kilian aufgeregt zu mir. Auf seinem Blatt steht BAUM. „Steht da Baum?", fragt er mich. „Ja, da steht Baum", antworte ich ihm. Überrascht schaut er mich an: „Als ich das geschrieben habe, da habe ich gar nicht gewusst, dass ich *Baum* schreibe."

Diesmal freut sich auch Lorena auf das Diktat. Beim letzten Mal konnte sie noch keinen Buchstaben zu den Bildern schreiben. Heute macht sie sich mit den Worten an die Arbeit: „Kann ich doch ganz leicht." Konzentriert sitzt sie auf ihrem Platz und sagt sich jedes Wort vor, das sie schreiben muss. Sorgsam hört sie hin, was klingt: Baum … B. Sie sucht das Bild in ihrer Schreibtabelle, das ebenfalls mit B beginnt: Buch. Neben dem Buch findet sie das B. Sie schreibt es ab und hört weiter. Das Au findet sie neben dem Auto, das M kann sie schon auswendig schreiben.

Wenngleich Lorena das Schreiben schon seit längerem verstanden hat, schreibt sie erst seit einer Woche selbstständig. Seit ich den Kasten mit den Postkarten eingeführt habe, ist sie kaum noch zu bremsen. Lorena gehört zu den Kindern, die noch am Beginn ihres Schriftspracherwerbs stehen. Für diese Kinder ist es wichtig, dass sie Wörter haben, die sie schreiben können. Aus diesem Grund habe ich eine Sammlung von anregenden Postkarten angelegt, zu denen ich immer wieder neue lege. Ich suche Karten mit Aufforderungscharakter, Vielfalt, Anspruchsvolles, Humorvolles: das „Sonnenblumenfeld" von van Gogh, ein Foto vom Mond, eine Wäscheleine mit Socken, ein paar Schuhe, ein Stillleben, der Regensburger Dom, Pinguine in der Antarktis …

Manche Kinder haben schon eigene Wörter und Geschichten im Kopf, sie brauchen meine Karten nicht. Simon hat in sein Schreibheft einen Mann und eine Frau gezeichnet, darunter hat er geschrieben: KITNAMOR. Er schreibt häufig von rechts nach links. Und weil er gerne drucken möchte, hat er sich auf der nächsten Seite eine Geschichte ausgedacht: *Ein kleiner Koffer wollte einmal voll gepackt werden. Eines Tages wurde er mitgenommen.*

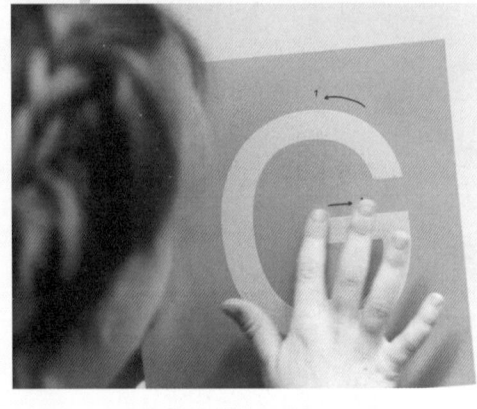

Engel lassen grüßen

◆ **Die erste Weihnachtskarte von meinen Kindern ist verkauft.**

Soeben hat die Inhaberin eines kleinen kunstgewerblichen Ladens in der Altstadt angerufen. Dabei habe ich die Karten doch erst vor einer halben Stunde dort vorbeigebracht. Auf jeder Karte ist ein Engel, den ein Kind gezeichnet hat. Die Zeichnungen habe ich kopiert, ausgeschnitten, auf Karten geklebt und ein ganz klein wenig mit einem Goldstift koloriert. Sie sehen himmlisch aus. Nun hoffe ich, dass sie sich gut verkaufen lassen. Die Kinder brauchen „Lesefutter" und auch sonst benötigen wir einiges.

Die Engel sind in ihrer Einfachheit von einem ganz eigenen Zauber. Der ist in den Kindern drin, doch er kommt nicht ohne Zutun heraus. Ohne klare Aufgabe verliert sich der Engel in allem Möglichen. Klar muss sein: Er braucht Flügel, damit er in den Himmel fliegen kann; dort gibt es Sterne und Wolken. Weiter nichts. An dieser Zeichenaufgabe ist mir deutlich geworden, worauf ich die Kinder bringen muss: auf *eine* Sache. Sonst sind sie in der Versuchung, das Blatt mit *Neben*sachen zu füllen – mit Weihnachtsbäumen zum Beispiel, „weil die gut zu Weihnachten passen". Aber dann findet der Engel keinen Platz mehr. Ich will die Kinder nicht einengen, aber ich darf sie auch nicht dort lassen, wo sie schon sind.

◆ **Weihnachten ist ein Thema für sich.**

Außerhalb der Schule quillt es zurzeit aus jeder und in jede Ecke. Seit Mitte November winkt der Weihnachtsmann so freundlich wie aufdringlich vom Dach des Kaufhofs herab. Drum herum der Weihnachtsmarkt mit lockenden, künstlichen Düften. Glühwein für die Großen, Karussells für die Kleinen, Bratwürste für beide.

Dagegen bin ich machtlos. Doch ob und wie Weihnachten *in* der Schule Bedeutung gewinnt, das hängt von mir ab. Ab dem 1. Dezember gestalten zwei Kolleginnen jeden Morgen eine Adventsviertelstunde. Einige Kinder gehen mit einer kleinen Glocke von Klasse zu Klasse und laden dazu ein. Wem der Sinn nach Stille und Kerzenlicht steht, geht mit. Wer nicht mag oder bereits mit einer Arbeit angefangen hat, bleibt. Vielleicht morgen.

Mein Beitrag zur Weihnachtszeit ist ein Nikolauslied auf Bayerisch und ein Adventskalender. Fürs Bayerische habe ich hart, wenn auch vergnüglich üben müssen.

Ich werde hörbar besser, die Kinder finden das auch. Wir haben viel Spaß miteinander, sie sind mir weit überlegen.

Der Adventskalender ist eine goldene Schachtel auf der Fensterbank. (Engel kommen durchs Fenster.) Jeden Morgen lege ich heimlich ein rot bebändertes, goldenes Glöckchen hinein. Nach der Pause ziehe ich aus einem kleinen Korb eine Namenskarte. Das so bestimmte Kind darf an diesem Tag die Schachtel öffnen und sich das Glöckchen nehmen. Jedes Kind bekommt also das Gleiche und so gesehen gibt es keine Überraschung. Die Freude mindert das nicht. Im Gegenteil. Jedes Kind ist glücklich, wenn es dran ist und sein Glöckchen bekommt, und alle freuen sich mit ihm. Jeden Tag ganz so wie beim ersten Mal.

Ich habe lange darüber nachgedacht, ob ich nicht auch etwas Weihnachtliches vorlesen sollte, mich aber dagegen entschieden. Das Vorlesen gehört bei mir zu jedem Schultag dazu. Zurzeit lese ich immer noch *Pu der Bär*. Das möchte ich nicht unterbrechen, nur weil Weihnachtszeit ist. Auch gegen Kerzen habe ich mich entschieden. Die habe ich für Geburtstage reserviert und diese will ich nicht entwerten.

Auch dies kommt mir in den Sinn: Es gibt kaum ein Zuhause, in dem Weihnachten nicht irgendwie spürbar wird. Man nimmt dem etwas, wenn's in der Schule zu weihnachtlich wird.

Tränen und Therapeuten

◆ **In der Pause stand Luis plötzlich schluchzend vor mir.**   12. Dezember

„Ich bin so müde." Tränenkullernd erzählte er, was gestern geschehen war: „Meine Mama ist nicht da. Und der Papa ist mit uns wohin gefahren. Dort war er zum ersten Mal. Deswegen wusste er nicht, dass der Weg zurück so lange dauert. Und dann war ich erst um acht Uhr im Bett." Ich habe Luis auf das Sofa in der Bücherecke gelegt. Dort ist er gleich eingeschlafen – zum Staunen aller. Pünktlich zum Schulschluss wachte er wieder auf.

Luis' Mutter hatte mich darüber informiert, dass sie drei Wochen zur Kur gehe. Während dieser Zeit werde der Vater allein für Luis und seine kleine Schwester sorgen. Ich solle mich nicht wundern, wenn Luis mit nur einem Schuh oder ohne Pulli in die Schule käme.

Luis geht es gut. Sein Vater hat sich nur verfahren.

◆ **Fünf Kinder meiner Klasse gehen außerhalb der Schulzeit
zu einem Psychotherapeuten.**

Drei der Therapeuten haben bereits mit mir das Gespräch gesucht, damit ich weiß, welche Lern- bzw. Verhaltensauffälligkeiten sie sehen und wie sie darauf therapeutisch eingehen. Von mir wollen sie wissen, wie ich das Kind sehe und mit ihm umgehe. Wir sind im Urteil meist nicht weit auseinander, aber das beantwortet nicht die mich bedrückende Frage, ob und warum einige meiner Kinder einen Therapeuten benötigen.

Peter geht zur Ergotherapie wegen einer Wahrnehmungsschwäche. Er kann sich zuweilen nicht an soeben Geschehenes erinnern. Auch kann er sich mehrere nacheinander erteilte Aufträge manchmal nicht merken. Ich glaube nicht, dass Peter durch eine Therapie zu helfen ist, denn was ich sehe, ist dies: Peters Mutter ist nett und liebevoll, zugleich aber ist sie rasend schnell. Sie ist immer „unter Dampf", ständig in Eile. Wenn sie morgens kommt, um mir etwas mitzuteilen, merke ich, wie erleichtert ich bin, wenn danach wieder Ruhe einkehrt. Peter ist ein kluges, einfühlsames und sensibles Kind. Und grad so schnell wie seine Mutter. Er kann nicht an sich halten. Egal, welches Kind ich etwas frage: Peter antwortet. Wenn er dann nicht nur die Antworten der Kinder übernimmt, sondern auch noch meine Fragen, treibt er mich manchmal an den Rand der Verzweiflung. So ruhelos, wie Peter im Reden ist, ist er auch im körperlichen Kontakt mit anderen Kindern. Zuweilen kann er sie einfach nicht in Ruhe lassen.

Es tut Peter nicht gut, wenn er mit anderen Kindern zusammenarbeitet. Er wird albern und „dreht auf". Das tun andere Kinder zuweilen auch. Dann weise ich sie zurecht und sie beruhigen sich wieder. Anders Peter. Er „dreht" dann erst richtig auf.

Gut ist für ihn der gleitende Schulbeginn. Aus innerfamiliären Gründen kommt Peter jeden Morgen bereits gegen 7.20 Uhr, also zehn Minuten früher, bevor der gleitende Schulbeginn anfängt. Aufstehen muss er gegen 6.00 Uhr. Wenn er kommt, stelle ich mit ihm gemeinsam die Stühle von den Tischen. Anschließend bleiben uns gut zehn Minuten, in denen wir miteinander allein sind. Wir nutzen sie, damit er zu sich findet.

Dienst und Autorität

◆ **Es ist unglaublich, wie schnell die Regale und**
die Materialien einstauben.   19. Dezember

In der Klasse ist immer Bewegung, der Staub bewegt sich mit und liegt dann überall.
Kinder brauchen eine *gepflegte* Lernumgebung. Wer aber macht die Pflege? Eine Antwort habe ich schon: ich. Ordnung und Sauberkeit gehören zum Berufsalltag der Lehrerin – das lerne ich gerade. Mein Schultag endet mit Aufräumen und Fegen, auch an
den zwei oder drei Tagen in der Woche, an denen nachmittags die Reinigungsfrau
kommt. Sie reinigt auf andere Weise als ich. Manches sieht sie als Abfall an, was nur
versehentlich vom Tisch gefallen ist. Ich sehe, was es ist, und kann es an den Platz legen, an den es gehört. Das tägliche Aufräumen und Fegen dauert etwa eine halbe Stunde, wenn ich fix bin. Danach geht's mir besser. Es beendet meine Arbeit und gibt mir
das Gefühl: Nun ist alles sauber und für morgen vorbereitet, nun kann ich nach Hause gehen. Vieles können auch die Kinder tun oder wenigstens mittun. Einfacher macht
das die Sache aber nicht, denn ich muss es ihnen erst beibringen. Ich bin fest ent-
schlossen, nach den Weihnachtsferien das Staubwischen in die Freie Arbeit einzube-
ziehen.

Bei der Einführung von Diensten bin ich bislang sehr zögerlich. Ich wähle nur solche, die für die Kinder leicht und unmittelbar einsichtig sind. Bis jetzt habe ich erst
zwei eingeführt: den Handtuch-Dienst und den Frische-Blumen-Dienst. Den Handtuch-Dienst übernimmt jeweils ein einzelnes Kind. Ihm gebe ich freitags die schmut-
zigen Handtücher mit nach Hause. Sie werden am Wochenende gewaschen und Montag früh bringt das Kind die sauberen Handtücher wieder mit in die Schule. Den Frische-Blumen-Dienst übernehmen mehrere Kinder. Jedes Kind, das Dienst hat, bringt
eine frische Blume mit. Im Sommer soll das möglichst keine *gekaufte* Blume sein. Jeden Mittwoch ist vor unserer Schule Markt. Gleich neben dem Tor zum Schulhof steht
ein Mann und verkauft Blumen. Die Kinder, die Blumendienst haben, kaufen ihre Blume dort. Ich habe ihnen erklärt, wie sie es machen sollen. Sie geben dem Blumenver-
käufer eine Mark und er gibt ihnen dafür eine Blume für ihr Klassenzimmer. Den Kindern habe ich erklärt, was sie dem Blumenmann sagen müssen; bei ihm habe ich mich
für seine Freundlichkeit bedankt. Die Kinder fühlen sich gut, wenn sie ganz alleine
ein Blume kaufen können.

Die *Dienste* verteilen wir jeden *Diens*tag neu. Dazu habe ich die Namen aller Kinder – sorgfältig auf Kärtchen geschrieben – in einem kleinen Korb. Ich ziehe ein Kärt-

chen und frage das ausgeloste Kind, ob es den Dienst übernehmen möchte. Zuweilen ermuntere ich ein Kind: „Deine Mama freut sich bestimmt, wenn du Blumendienst hast." Inzwischen sagt kaum noch ein Kind „Nein" zu einem Dienst. Jedes Kind kann ihn sich zutrauen.

Die gezogenen Namen hänge ich an die dafür gemachten Schilder an der Tür. Sie zeigen ein Bild vom Dienst und erinnern das Kind eine Woche lang daran.

Das Abwischen der Tische nach der Brotzeit könnten die Kinder machen. Sie würden es auch gut und gerne tun, aber ich behalte es mir vor. So beende ich die Brotzeit, ohne etwas sagen zu müssen. Wenn ich die Tische wische, merken alle, dass es an der Zeit ist, in die Pause zu gehen. Dass ich das Tischewischen übernehme, heißt nicht, dass ich alles aufwische. Wenn ein Kind aus Versehen seinen Tisch mit Farbe beschmiert, reinigt es diesen selbst.

◆ Über die Eltern erfahre ich, welche Autorität ich für die Kinder bin.

Oft merken sich die Kinder das, was ich sage, Wort für Wort, und jedes meiner Worte nehmen sie sehr ernst. Was ich sage, ist oberstes Gebot. Es irritiert mich, aber es ist so. Isabels Mutter kann noch so sehr der Überzeugung sein, dass 3 plus 4 *nicht* 8 ist, und ihrer Tochter das sagen. Aber Isabel bleibt dabei: „3 plus 4 ist 8! Das hat Frau Kühn gesagt!" Und wenn Frau Kühn das gesagt hat, dann ist das so. Irrtum ausgeschlossen. Ich bin Frau Kühn, ich habe das zwar nicht gesagt, aber Isabel hat mich so verstanden. Das ist es. Ist das nicht beängstigend? Auch Linda erklärt zu Hause unter entschiedener Berufung auf mich, was alles geht und was nicht geht. Ich bin froh, dass mir die Eltern solches erzählen. Aber dem Beängstigenden nimmt das nichts.

Ich bin auch ein beliebtes Spielthema für die Kinder. Wenn sie sich nachmittags untereinander besuchen, spielen sie Frau Kühn. Frau Kühn ist immer die Hauptrolle, jeder darf abwechselnd in diese Rolle schlüpfen. Wie die Kinder ihre Lehrerin spielen, habe ich zufällig mitbekommen, als Fanni und Lukas mich nach Schulschluss in unserem Klassenzimmer spielten. Das war die Szene *„Frau Kühn und das Lesekrokodil"*. Sie haben mich genau nachgemacht. Toll fand ich mich nicht.

Ich muss mehr als bisher auf mich achten: Ich bin Frau Kühn, die Lehrerin.

Kleiner Nachtrag: Dominik hat einen vierjährigen Bruder, Jonas. Auch für ihn bin ich bereits eine Autorität, denn ich bin die Lehrerin seines Bruders. Seit Jonas' Eltern ein neues Telefon haben und er das alte zum Spielen bekommen hat, ruft er mich, wie ich von den Eltern erfahre, täglich an, um zu sagen: „Ja, Frau Kühn, der Dominik ist brav. Er hat seine Hausaufgaben gemacht. Und seinen Schreibtisch hat er auch aufgeräumt. Tschüs, Frau Kühn."

Kilian hat Angst

◆ **Seit wenigen Tagen bleibt Kilian in der Schule, ohne zu weinen.** 16. Januar

Und ohne, dass ich ihn halten muss. Das bedeutet mir viel, denn daran haben Kilian und ich vier Monate gearbeitet. Ich genieße es wie ein kleines Wunder, dem ich noch nicht recht traue. Hoffentlich bleibt es.

Kilian ist von Angst geplagt, besonders morgens. Dann muss er sich von Mama oder Papa, je nachdem wer ihn zur Schule bringt, trennen. Das ist für ihn schrecklich. Er kommt gern zur Schule, freut sich auf die anderen Kinder, wohl auch auf mich, doch beim Abschied bricht er an jedem Morgen zusammen. Er weint, schreit, klammert sich an. Vor mir verkriecht er sich. Er weiß ja, dass ich ihn festhalten will. Meine gut gemeinten Worte verschleiern das nur. Jeder Morgen ist ein Schrecken für Kilian und eine Überforderung für mich.

Vielleicht würde es Kilian helfen, wenn seine Mutter mehr Zeit für den Abschied hätte, aber die hat sie nicht. Sie muss ihren Alltag sehr straff organisieren. Wenn sie Kilian nicht pünktlich abliefern kann, wird es für sie schwer.

So habe ich Kilian jeden Morgen gegen seinen Willen festgehalten, richtig fest. Habe sein Weinen und seine Tritte ausgehalten, bis er sich beruhigt hatte. Es waren nur Minuten, aber die sind mir immer entsetzlich lang vorgekommen, denn währenddessen waren im Klassenzimmer 24 andere Kinder. Alle sahen, dass Kilian mich besonders brauchte, und sie waren voller Verständnis. Aber ich wusste: Sie brauchen mich auch, wenn auch nicht so dringend.

Dass Kilian den Abschied nun schafft, hängt wohl auch mit der Sanduhr zusammen, die er von mir bekommen hat. Sie ist eine Abmachung: Wenn Kilian gekommen ist, darf er die Sanduhr umdrehen. Der Sand braucht fünf Minuten, um von oben nach unten zu rinnen. Wenn der Sand unten ist, darf Kilians Mutter oder Vater gehen. Vorher nicht. Anfangs fiel es Kilian noch schwer, sich an diese Abmachung zu halten, nun schafft er es.

Die Abmachung haben wir in einer Sprechstunde getroffen. Kilians Mutter war aber nicht gekommen, um mit mir über die morgendlichen Trennungsschwierigkeiten zu sprechen; sie wollte etwas über Kilians Schulleistungen erfahren. Innerlich war ich darüber ziemlich enttäuscht. Wie soll ich einem Kind Leistungen abverlangen, das so sehr mit seiner Angst kämpfen muss und danach immer ganz erschöpft ist? Aber dann wurde es doch eine gute Aussprache. Ich sehe jetzt manches klarer. Die Schule macht auch Eltern Angst. Was ist, wenn ihre Kinder nicht mithalten? Sie sorgen sich.

Toilettengang und Sprechstunde

23. Januar

◆ **Seit gestern haben wir eine Toiletten-Kette.**

Neben der Tür hängt ein Lederband mit drei schönen Perlen. Wenn ein Kind zur Toilette muss, nimmt es die Kette vom Haken, hängt sie sich um den Hals und geht. Ist der Haken leer, muss es warten. Dabei kann es sicher sein, dass es nicht zu lange warten muss, denn das Kind, das die Kette genommen hat, wird bald zurückkommen. Die Kette stellt sicher, dass immer nur *ein* Kind auf der Toilette ist.

Ich habe diese Regel nicht eingeführt, weil es auf der Toilette sonst eng wird. Toiletten haben wir genug. Die Kette soll ein anderes Problem lösen. Dessen Anfänge liegen Monate zurück.

Zu Beginn des Schuljahres habe ich eingeführt, dass niemand fragen muss, ob er zur Toilette gehen dürfe. Jeder soll gehen, wenn er muss, ohne Störung für andere. Das schien mir angemessen, einfach, klar.

Diese Regelung klappte aber nur in der Freien Arbeitszeit. Dann ist jedes Kind auf die eigene Arbeit konzentriert und nimmt die anderen kaum wahr. Wenn aber alle Kinder auf eine gemeinsame Sache oder auf mich konzentriert sind, löst der Toilettengang eines einzigen Kindes ziemlich verlässlich Folgebewegungen aus. Einem Dutzend Kinder fällt ein, dass sie ebenfalls dringend auf die Toilette müssen. Und sie wissen ja, dass sie dürfen. Also stehen sie auf, laufen hinterher und aus ist es mit unserem gemeinsamen Unterricht. Wir, die wir zurückbleiben, müssen warten, bis alle Toilettengeher fertig sind.

Ich habe den Kindern das Problem erklärt und um Verständnis für die Kette geworben. Wenn es nicht klappt, müssen wir eine andere Lösung suchen. Aber nach den ersten Erfahrungen bin ich zuversichtlich, dass die Toiletten-Kette sich bewährt.

Bedenkliche Nebenwirkung: Als wir noch keine Kette hatten, folgte Linda, wann immer Alexander ging, ihm heimlich nach – und umgekehrt. Linda und Alexander sind verliebt. Sie haben den Gang zur Toilette als Möglichkeit des ungestörten Beisammenseins gesucht. Das können sie nun nicht mehr. Glücklicherweise scheint die Regelung ihrem Glück nichts zu nehmen. Linda freut sich jedesmal: „Der Alexander hat die Kette hingehängt und ich habe sie dann genommen!"

◆ **In unserer Schule haben die Lehrer eine feste Sprechstunde
für die Eltern – jede Woche eine Stunde nach Schulschluss.**

Bei mir ist es der Donnerstag. Wenn die Eltern ein Anliegen haben, können sie mich verlässlich in der Sprechstunde erreichen und wissen, dass ich Zeit für sie habe. Das gilt auch umgekehrt: Wenn ich mit den Eltern eines Kindes sprechen möchte, bitte ich sie, in meine wöchentliche Sprechstunde zu kommen. Am Donnerstag kamen auf meine Bitte hin die Eltern von Jannik. Das Gespräch war mir schon seit langem wichtig und lag mir im Magen. Jannik ist für mich kein leichtes Kind.

Jannik hat Angst, in der Pause auf den Hof zu gehen, denn dort trifft er regelmäßig auf Teshome aus der dritten Klasse. Teshome ist ein schwarzer Junge, der die Noma-Krankheit hat. Seine linke Gesichtshälfte ist gegenüber der rechten verschoben. Das entstellt sein ganzes Gesicht. Für viele Kinder ist das kein Problem, für Jannik ist es ein großes. Teshome macht ihm wirklich Angst. Jannik weiß, dass Teshome ein netter Junge und seine Krankheit nicht ansteckend ist. Dieses Wissen hilft ihm aber nicht. Er weint und zittert zusammengekauert in einer Ecke des Hofes. Und ist danach kaum mehr ansprechbar.

Ich habe Jannik erlaubt, während der Pause im Klassenzimmer zu bleiben. Meine Hoffnung war, dass er sich dort so sehr langweilen und nach seinen Freunden sehnen würde, dass er irgendwann von allein den Weg nach draußen findet. Fand er aber nicht. Im Gegenteil. Nun meinten auch andere Kinder, sich vor Teshome fürchten zu müssen, und wollten in der Klasse bleiben.

Drei Tage vor den Weihnachtsferien habe ich Jannik mit großem Ernst angekündigt, dass er im nächsten Jahr groß genug sein werde, um in die Pause zu gehen. Zwei Wochen hatte er also Zeit, sich an die Vorstellung zu gewöhnen. (Von den Eltern weiß ich, dass dies keine unbeschwerten Ferien für Jannik waren.) Am ersten Tag nach den Ferien hat er sich tapfer von mir in den Hof bringen lassen. Dort habe ich ihn liebevoll an die Hand der Pausenaufsicht übergeben. Sie hat Jannik nicht weniger bemüht übernommen. Seitdem geht es von Tag zu Tag leichter. Damit Jannik sehen kann, was er schafft, darf er sich für jede Pause, die er auf dem Hof verbracht hat, einen Strich an die Tafel machen. Zwölf Striche hat er schon.

◆ **Zu Janniks Angst kommt noch etwas anderes hinzu.
Ihm fehlen Selbstvertrauen und Antriebskraft.**

Schon auf kleine Herausforderungen reagiert er mit: „Ich kann das nicht und deswegen mache ich es nicht." Wenn Jannik sich überhaupt für eine Arbeit interessiert, ist es die der anderen Kinder. Er schaut ihnen gern zu, aber jede Aufforderung, die an ihn gerichtet ist, macht ihn abweisend. Irgendetwas ist in ihm, das ihm jede Initiative nimmt. Von sich aus packt er einfach nichts an. Nur selten lässt er sich von mir zu einer eigenen Arbeit führen, aber das kostet mich eine halbe Stunde Zuwendung. So viel Zeit und Kraft habe ich für ein einzelnes Kind selten, für Jannik zu selten.

Zuweilen überlege ich, ob Jannik nicht besser an einer Schule aufgehoben wäre, die weniger auf Freie Arbeit setzt, als wir es tun. Eine Schule mit anderen Vorgaben und Ordnungen, ja vielleicht auch mit mehr Zwängen – und also mit weniger Möglichkeiten, Anstrengungen zu meiden. Die meisten Kinder kommen mit der Freien Arbeit gut zurecht, da sie von sich aus arbeiten wollen. Nicht immer und nicht immer gleich konzentriert, aber gerade deshalb hilft ihnen die Freiheit, in die Arbeit zu finden und ihre Arbeit selbst zu gestalten. Jannik ist da anders und vielleicht könnte ihm eine andere Art des Unterrichts weiterhelfen. Aber was wäre diese andere Art? Jannik ist bereits ein Jahr auf einer anderen, strenger geordneten Schule gewesen. Dort ist es ihm nicht gut gegangen. Nun ist er bei uns; auf uns setzen die Eltern ihre Hoffnung. Wir müssen es schaffen: die Eltern, die Schule, Jannik und ich.

Geburtstag und Bilderrahmen

◆ **Der Geburtstag ist ein besonderer Tag.**

Als solchen soll ihn jedes Kind erleben – auch in der Schule. Aber anders als in der Familie bleibt der Geburtstag doch eine Nebensache. Auch das soll das Kind erleben. Unsere Geburtstagsfeier ist ein kleines Ritual ohne Geschenk, ohne Süßigkeiten, ohne Aufwand. Ihr Ablauf ist immer gleich. Nach der Pause versammeln wir uns im Kreis auf dem Teppich. Die Kinder wissen, was kommt, sie werden ganz andächtig und still. In der Mitte des Teppichs steht ein Teller mit vier Kerzen: eine *große* Kerze in der Mitte, drei *kleine* Kerzen drum herum. Nachdem ich den Raum verdunkelt habe, zünde ich zuerst die kleinen Kerzen an. Dazu sage ich langsam und ernst: *„Die erste Kerze, die ich anzünde, ist für das, was alles war – für die Vergangenheit. Die zweite Kerze, die ich anzünde, ist für das, was jetzt gerade ist – für die Gegenwart. Die dritte Kerze, die ich anzünde, ist für das, was alles noch kommen wird – für die Zukunft.*" Dann kommt die große Kerze: *„Die vierte Kerze, die ich anzünde, ist für dich. Dein Lebenslicht. Du darfst jetzt deine Augen schließen und dir leise etwas wünschen.*"

Nachdem das Geburtstagskind seine Augen wieder geöffnet hat, frage ich, ob es uns seinen Wunsch mitteilen möchte. Kaum ein Kind mag, die meisten wollen ihren stillen Wunsch für sich behalten. Alle verstehen das und finden es schön. Aber es gibt auch Kinder, die ihren Wunsch laut sagen möchten. Das finden die anderen ebenfalls schön.

Ich habe dieses Geburtstagsritual aus meinem Referendariat mitgenommen. Dort habe ich erlebt, wie man Kinder dafür sensibilisieren kann, dass es Wünsche ganz verschiedener Art gibt: stille und laute, private und öffentliche, leichte und schwere. Die Kerzen bewirken, dass eher stille Wünsche in den Sinn kommen.

Lucia und ich haben am selben Tag Geburtstag. So gab es an diesem Mittwoch zwei Geburtstagsfeiern, eine für Lucia, eine für mich. Am Ende von Lucias Feier habe ich Lucia gebeten, meine Feier zu übernehmen. Sie hat vier Kerzen angezündet und langsam und ernst dazu gesagt: *„Die erste Kerze, die ich anzünde, ist für das, was alles war – für die Vergangenheit. Die zweite Kerze, die ich anzünde, ist für das, was jetzt gerade ist – für die Gegenwart. Die dritte Kerze, die ich anzünde, ist für das, was alles noch kommen wird – für die Zukunft. Die vierte Kerze, die ich anzünde, ist für dich. Dein Lebenslicht. Du darfst jetzt deine Augen schließen und dir leise etwas wünschen."* Ich habe mir etwas gewünscht und Lucia hat mich gefragt, ob ich meinen Wunsch sagen möchte. Ich habe den Kopf geschüttelt.

◆ Gestern habe ich zwei große Bilderrahmen (DIN A1) gekauft.

Morgen hänge ich sie im Klassenzimmer auf – nebeneinander über die Schuldruckerei. In jeden Rahmen kommen zwei von Kindern gemalte Bilder, schön unter Passepartout gebracht. Hin und wieder will ich die Bilder wechseln (bloß nicht vergessen!), sodass jedes Kind weiß, dass bald ein Bild auch von ihm im Rahmen hängen wird. Obwohl ich schon einige (auch schöne) Bilder mit den Kindern im Kunstunterricht gemalt habe, hatte ich bislang noch keines aufgehängt. Mir fehlte die rechte Idee. Was ich nicht wollte: alle entstandenen Bilder über- oder nebeneinander irgendwo im Klassenzimmer oder im Flur aufhängen. Das wirkt so gleichgültig gegenüber dem einzelnen Bild und gegenüber der Arbeit überhaupt.

Die Rahmen und das Passepartout sollen die Arbeiten der Kinder in ihren Besonderheiten hervorheben – jedes Bild für sich. Ein Bild, das im Vergleich zu den anderen als ein weniger gelungenes Bild erscheint, kann mit zwei, drei anderen, die ich gezielt zusammenstelle, in seiner Besonderheit wirken. Das ist übrigens auch etwas, was ich in meinem Referendariat gelernt habe: Man muss die Sachen der Kinder wertvoll machen.

Pausenaufsicht

◆ Es ist schrecklich.

Immer wieder habe ich Frederik, Emil, Dominik und Tim erklärt, dass sie andere Kinder in der Pause nicht ärgern, nicht treten, nicht schlagen und schon gar nicht würgen dürfen. Auch habe ich ihnen gesagt, dass man nicht drohen darf mit „Ich bringe dich um!" oder „Ich werde dich mit meinem Messer töten!". Aber mein Reden kann solches nicht verhindern.

Als am Freitag wieder ein Kind schluchzend in der Klasse saß, wusste ich, dass ich nicht mehr nur ermahnen und trösten durfte.

Aber was kann ich tun? Die Schule erwartet von mir, dass ich die Kinder zu einem geregelten Miteinander befähige, aber es ist nicht eben viel, womit sie mich für diese schwierige Aufgabe ausstattet.

Klassengespräch aus gegebenem Anlass: Einige schlagen vor, dass solche Kinder, die andere ärgern, während der Pause in der Klasse bleiben. Ich halte entgegen, dass In-der-Klasse-Bleiben für manche Kinder sogar eine Belohnung sei. Einige schlagen vor, dass solche Kinder, die andere ärgern, eine schwierige Rechen- oder Schreibaufgabe bekommen. Ich halte entgegen, dass Rechnen und Schreiben keine Strafe sei und auch zu keiner werden solle. Einige schlagen vor, dass solche Kinder, die andere ärgern, nachdenken sollen. Sie sollen schreiben, dass sie keine anderen Kinder ärgern und schlagen dürfen. Ich halte dagegen …

Es ist ein Gespräch von fast einer halben Stunde mit diesem Einvernehmen: Für jeweils eine Woche werden zwei Kinder zu Aufsichtspersonen. Beide passen auf dem Hof auf, eines von ihnen auf dem kleinen Vorderhof. Sie sollen darauf achten, dass sich kein Kind durch ein anderes angegriffen fühlt. Und wenn es dennoch zu Problemen kommt, sollen sie uns allen berichten, was genau geschehen ist.

Dann wurden Lorena und Lucia gewählt: „Die haben mit den Kämpfen nie etwas zu tun. Die können gut aufpassen." Ja, die beiden sind eine kluge Wahl.

Zweimal in der Woche bin ich selbst zur Pausenaufsicht eingeteilt und erwische mich immer wieder dabei, nicht den Blick für das dann Wichtige zu haben. Ich bin körperlich anwesend, aber mit meinen Gedanken bei mir selbst (Pause!) oder in der nächsten Stunde (Vorbereitung!). Für die Kinder ist es besser, ich führe meine Aufsicht, indem ich mich in das Pausengeschehen hineinziehen lasse oder selbst zum Anreger werde. Damit ist nicht jeder Streit zu verhindern, aber man bekommt einen Blick für Spannungen, aus denen Streit werden kann, und kann sie oft bereits im Vorfeld entschärfen. Das wird allerdings mit dem zunehmenden Alter und Eigensinn der Kinder immer schwieriger. Wie gut, dass wir bei uns ein stabiles Klassenlehrerprinzip haben. Das hilft den Kindern sehr, Grenzen zu akzeptieren und Gespräche ernst zu nehmen.

Auch beim Umziehen in der Garderobe im Flur bin ich immer in der Nähe der Kinder und bleibe möglichst sichtbar. Die Kinder müssen erst lernen, mit Situationen umzugehen, in denen sie auf engstem Raum mit anderen zusammen sind, ohne sich gleich zu stören und gestört zu fühlen. Es ist ja die Zumutung der Schule, die sie belastet, also muss die Schule auch zur Entlastung beitragen. Aber das ist leichter gedacht als getan.

Singen

◆ **Seit dem ersten Schultag singen wir.**

Und ich spüre, dass es einem Bedürfnis der Kinder entspricht. Wir singen täglich ein von mir ausgewähltes Lied über zwei bis drei Wochen. Unser erstes Lied war *„Der Cowboy Jim aus Texas"*. Auch mit den Eltern habe ich es gesungen. Damals habe ich von Luis' Mutter einen kleinen Brief bekommen: *„Liebe Frau Kühn, wir feiern am 3. 10. den 50. Geburtstag meines Mannes und ich möchte ihm mit den Kindern das Lied vom Cowboy Jim singen. Leider schaffen es Luis und ich nicht, den Text vollständig zusammenzubringen, deshalb meine Bitte an Sie: Wären Sie so lieb und geben Luis eine Kopie? Schön, dass Sie mit den Kindern singen und tanzen."*

Ich kann gar nicht singen. Ganz unmusikalisch bin ich zwar nicht, ich kenne die Noten und kann sogar gut Akkordeon spielen. Aber meine Stimme ist außerstande, sicher einen bestimmten Ton zu treffen und zu halten. Das bekümmert mich sehr, fehlt mir doch etwas für die Schule Wichtiges.

Mit dem Akkordeon als stimmführendem Instrument könnte ich mich behelfen, doch das mag ich nicht. Das Akkordeon ist zu laut, ich höre die Töne des Instruments, nicht aber die Stimmen der Kinder. Auf der Gitarre kann ich ein paar Griffe, kann also die Kinder begleiten, aber sicher Melodien spielen kann ich darauf nicht. Bleibt nur die Blockflöte, aber dann kann ich nicht mitsingen.

Wir singen! Die *Kinder* ganz unbekümmert.

Einer und Tausender

◆ **Die Kinder rechnen im Zahlenraum bis 9000.**

Das, womit sie rechnen, haben wir: 9000 Perlen. Die einzelne Perle ist ein Einer, das weiß jedes Kind. Zehn Perlen sind ein Zehner, das sieht jedes Kind, denn beim Zehner sind zehn Perlen durch einen Draht verbunden. Ein Hunderter ist schwerer zu überblicken, aber man erkennt: Zehn Zehner machen einen Hunderter. Und man weiß ja bereits: Zehn Einer machen einen Zehner. Ein Hunderter sind also hundert Einer.

Der Tausender ist so: Zehn Einer machen einen Zehner, zehn Zehner machen einen Hunderter, zehn Hunderter machen einen Tausender. Ein Tausender sind also tausend Einer. Eigentlich kommt es immer nur auf die Zehn an. Sie ist es, die Ordnung schafft. Mit ihr kann man rechnen – weit über die Zehn hinaus.

Ich glaube, es gibt für Kinder nichts Besseres, als ihnen zum Schulanfang das *Goldene Perlenmaterial* in die Hand zu geben. Eine unüberschaubar große Menge schöner goldener Perlen – akkurat geordnet nach Einern, Zehnern, Hundertern und Tausendern.

Als ich das *Goldene Perlenmaterial* im Studium für mich entdeckte, habe ich begonnen, mich mit der Mathematik zu versöhnen. In Nordrhein-Westfalen, wo ich studierte, ist Mathematik für zukünftige Grundschullehrer Pflichtfach. Das ist gut so, denn die Mathematik ist ja ein Kernstück der Grundschule. Aber mein Pflichtfach hatte mit dem Unterricht der Grundschule so gut wie nichts zu tun. Erst auf einem Montessori-Lehrgang, den ich noch während des Studiums besuchte, begriff ich, worauf es ankommt: den Kindern so lange das Konkrete in die Hand zu geben, bis sie es nicht mehr brauchen, weil jedes Kind den Schritt in die Abstraktion geschafft hat.

Mit dem Goldenen Perlenmaterial arbeite ich fast jeden Tag etwa 20 Minuten im gemeinsamen Unterricht. Dominik hat mich schon gefragt, warum wir mit dem Perlenmaterial so oft arbeiten. Meine Antwort hat er hingenommen: „Weil das Rechnen mit dem Goldenen Perlenmaterial so wichtig ist wie das Schreiben und das Lesen – und das machen wir ja auch jeden Tag." Nele, die bereits ein Jahr auf einer anderen Schule war, kam dabei eine andere Frage in den Sinn: „Aber Frau Kühn, wenn das Perlenmaterial so wichtig ist, wieso gibt es das dann nicht in allen Schulen?" Darauf weiß ich auch keine Antwort. Denn überall müssen Kinder ihren Weg in die Abstraktion finden. Wie soll das gelingen, wenn man nichts Konkretes hat, das man ihnen in die Hand geben kann?

◆ Wir haben nicht nur das Goldene Perlenmaterial.

Für den Zahlenraum bis Hundert gibt es die *Seguin-Tafeln*, bei denen die Kinder den Zusammenhang zwischen der Zahlmenge und dem Zahlzeichen erkennen, die *Ziffern und Chips* zum Erkennen von geraden und ungeraden Zahlen, die *Perlenketten* als Vorbereitung auf das Einmaleins, das *Hunderter-Brett* zum Erfassen der Zahlenanordnung, die *Streifenbretter* zum Rechnen im Zahlenraum bis 20, das Schlangenspiel zum Addieren und Subtrahieren mehrerer einstelliger Zahlen, das kleine Multiplikationsbrett zum Erlernen der Einmaleins-Sätze, das kleine Divisionsbrett zum Erlernen der Divisions-Sätze, dazu die farbige Perlentreppe. All dies sind so genannte *Montessori-*

Materialien, was gerade so klingt, als ob sie nur in Montessori-Schulen eingesetzt werden könnten. Tatsächlich sind es vorzügliche *Lern*materialien und gelernt wird in jeder Grundschule.

Im Studium ist mir immer wieder nahe gelegt worden, dass alle Kinder verschieden seien, es also *den* richtigen Rechenweg nicht gäbe. Die Voraussetzungen und Bedürfnisse der Kinder seien viel zu unterschiedlich, als dass man an einen für alle tauglichen *Lehr*gang denken könne. Gewiss, alle Kinder sind verschieden, das sehe ich täglich. Aber das Rechnen stellt für alle die gleichen Probleme und sie bewältigen diese in durchaus vergleichbarer Weise. Wie immer gibt es langsame und schnelle Köpfe, so arbeitet der eine länger mit einem Material als ein anderer. Aber es gibt keinen, dem das Material nicht hilft auf seinem Weg in die Abstraktion.

Lorena arbeitet am *Kleinen Multiplikationsbrett*. Ich weiß, sie wird bald für sich entdecken, dass die Multiplikation eigentlich nichts anderes ist als eine raffinierte Form der Addition: 3 x 3, das meint 3 + 3 + 3 und das = 9. 4 x 3 meint 3 + 3 + 3 + 3, also 12. „7 x 3 = 21", ruft Lorena mit roten Wangen über den Teppich. „Und 8 x 3 = 24 und 9 x 3 = 27 und 10 x 3 = 30." Am Ende des Vormittags kommt Lorena leise zu mir: „Frau Kühn, kann ich jetzt multiplizieren?" – „Ja, Lorena, jetzt kannst du multiplizieren. Jetzt musst du nur noch fleißig üben. Und wenn du magst, zeige ich dir bald das *Große Multiplikationsbrett*."

Material und Einführung

5. März

◆ Neuerdings steht im Regal ein Tablett mit feinem Sand.

Dazu ein Holz, mit dem man die Sandfläche glatt schieben kann, sowie ein kleiner Korb mit Materialien, die ich draußen gesammelt habe: Donaukiesel, Stöckchen, Rindenstücke, Pflanzenreste. Die Kinder können mit den Materialien ein Bild auf den Sand legen. In den Sand können sie mit einem kleinen Rechen Muster ziehen.

Um ihr Bild festzuhalten, lasse ich die Kinder es abzeichnen. Dazu habe ich ihnen Recyclingpapier zur Verfügung gestellt. Es ist saugfähig, sein Farbton passt zum Sand. Acht Aquarellbuntstifte habe ich so ausgewählt, dass die Farben zueinander passen. Die Auswahl und Begrenzung hilft bei dem, was jedes Kind gern macht: (s)ein *schönes* Bild. Nachdem es sein Arrangement mit den Buntstiften abgezeichnet hat, überarbeitet es dies mit einem Pinsel und Wasser. Ein Aquarell entsteht – wie überraschend, wie schön!

Das Sandtablett habe ich – wie jedes neue Material – im Kreis für alle eingeführt. Ein Kind ist bei mir, die anderen schauen zu. Dabei muss ich wenig reden. Die Kinder sehen, worauf es ankommt. Sie sehen, wie ich den Sand glatt streiche und mir dabei Mühe gebe, auch die kleinste Unebenheit zu glätten, wie ich Stöckchen und Steine mit Bedacht in den Sand lege. Und sie sehen, was daraus entsteht: ein Mann mit einem Hund. Erst jetzt sage ich etwas: „Wenn du den Sand ganz glatt gestrichen hast, achtest du beim Legen deines Bildes darauf, dass die Sachen nicht vom Sand verschüttet werden. Du musst sie ganz sanft oben auflegen." Je weniger Worte ich mache, desto bedeutsamer ist das, was ich sage.

Nachdem ich mein Bild auf den Sand gelegt habe, leite ich die zweite Phase des Vormachens mit den Worten ein: „Wenn du dein Bild gelegt hast, zeichnest du es ab" und beginne, mein Bild mit Ruhe und Zeit abzuzeichnen. Das verlangt von den Kindern viel. Sie müssen im engen Kreis auf unserem nicht eben großen Teppich leise sitzen und können nichts anderes tun, als mir zuzuschauen. Sie sehen, wie meine Zeichnung von dem entsteht, was vor mir auf dem Sand liegt. Nachdem ich den Mann fertig gezeichnet habe, möchte ich die Darbietung mit Rücksicht auf die Aufmerksamkeit der Kinder abbrechen: „Ich male das Bild später fertig." Aber die Kinder bitten mich einstimmig, es *jetzt* zu tun. So arbeite ich – unter aufmerksamer Beobachtung und Teilhabe –, bis die Arbeit abgeschlossen ist. Dann erkläre ich noch, dass die Stifte besondere Stifte sind: Aquarellstifte. Aqua bedeutet Wasser. Und ich zeige ihnen, wie man mit einem Pinsel und wenig Wasser das Bild verändern kann.

Später arbeiten die Kinder mit dem Material während der Freien Arbeitszeit. Sie tun es ganz so, wie ich es ihnen gezeigt habe. An ihrem Ernst und ihrer Konzentration sehe ich, ob meine Einführung gut war.

Die Einführung eines neuen Materials für alle Kinder mache ich immer zu Beginn des gemeinsamen Unterrichts, also *nach* der Freien Arbeitszeit. Das bedeutet, dass die Kinder mit dem dargebotenen Material erst am nächsten Tag selbstständig arbeiten können. Das finden sie immer wieder schade. Aber es hat doch den Vorteil, dass es keine unmittelbare Drängelei um das Material gibt. Am nächsten Morgen ist alles viel entspannter. Das Kind, das früh kommt, kann sich das Material nehmen. Später kommende Kinder nehmen es sich später oder an anderen Tagen. Der Andrang auf ein Material reguliert sich von selbst. Ich muss kaum eingreifen.

Mit dem Sandtablett arbeitet Nele als Erste. Peter steht neben ihr, sagt kein Wort, schaut zu. Nele fühlt sich gestört. „Du störst!" Ich bitte Nele um Geduld und erkläre ihr, dass Peter auch gern mit dem Sandtablett arbeiten würde. Er war heute wie jeden Morgen das erste Kind in der Klasse. Er hat nur nicht gleich daran gedacht, sich das Sandtablett zu nehmen. Sagt Nele: „Er hat nicht daran gedacht?! *Ich* habe gestern den ganzen Tag daran gedacht und die Nacht. Beim Schlafen."

Schreiben und Drucken

12. März

◆ **Manche Kinder drucken fast so sauber wie ich.**

Es beeindruckt mich, wie gut sie drucken können, wenn man ihnen zuvor zeigt, wie es richtig geht. Nicht auf Schnelligkeit, sondern auf Sauberkeit und Schönheit kommt es beim Drucken an. Das zeige ich den Kindern, dann lasse ich sie arbeiten. Das Drucken braucht Zeit. Wird ein Kind damit heute nicht fertig, druckt es morgen weiter. Das wissen alle, es gibt keinen Grund zu Eile und Hast.

Das Drucken ist eine Arbeit, die alle gern tun. Jeden Tag arbeiten Kinder in der Druckerei. Längst muss ich nicht mehr dabei sein. Die Kinder kommen zu mir, wenn sie meine Hilfe brauchen. Ich zeige ihnen den Buchstaben im Setzkasten, den sie nicht finden können, oder walze ihnen etwas Farbe auf. Dann kann ich wieder gehen.

Von den Eltern weiß ich, dass im Drucken einer zuvor geschriebenen eigenen Geschichte ein großes Glück für die Kinder liegt. Dazu gehört, dass nicht jede Geschichte gedruckt wird. Es gibt Geschichten, die sind „ratz-fatz" hingeschrieben und schon ist die nächste dran. Dagegen ist nichts einzuwenden, aber es muss auch andere Geschichten geben, solche, die Mühe gemacht oder einen ganz besonderen Einfall haben. Nur dann lohnt das Drucken, das seinerseits weitere Mühen erfordert: Eine Arbeitszeit benötigt man, um den Text aus den einzelnen Lettern zusammenzusetzen, eine weitere, um den Satz zu drucken, eine dritte, um die benutzten Lettern zurückzusetzen. Das kann Erstklässler durchaus an die Grenzen ihrer Möglichkeiten führen. Bei guten Geschichten ist das in Ordnung.

Lucia und Janna schreiben fast in jeder Arbeitszeit eine Geschichte. Das Schreiben selbst ist ihre Lust, auf den Inhalt kommt es ihnen nicht so sehr an. *„Ein Igel steht am Morgen auf, frühstückt im Kreis seiner Familie, fährt Einkaufen, besucht die Oma, spielt mit anderen Igeln, isst zu Abend, geht ins Bett."* Nach diesem Muster schreiben sie über Pferde, Mäuse, Sterne. Lucia und Janna wissen, dass ich ihr Tun und dessen Ergebnisse schätze, dass ich gern in ihren Schreibheften lese, auch gern daraus vorlese, dass ich mich an ihren fantasievollen Illustrationen freue. Doch drucken lasse ich *diese* Geschichten nicht. Lucia und Janna macht das nichts aus. Sie wissen: Wenn sie drucken wollen, müssen sie sich kurz fassen und klar ausdrücken. Das können sie auch.

Andere Kinder schreiben nur *eine* Geschichte und dürfen diese *gleich* drucken. Martin hat nach fünf Monaten seine erste Geschichte geschrieben und sie dann gedruckt. Nun weiß er, dass er das Schreiben gelernt hat. Den Beweis hält er in Händen. Auch Jannik durfte seine erste Geschichte gleich drucken. Er war ein Jahr auf einer anderen

Schule, bevor er zu mir ins erste Schuljahr gekommen ist. Er konnte von Anfang an schreiben und brauchte doch fünf Monate, um eine eigene Geschichte zu Papier zu bringen. Er ist sehr unsicher, tut fast nur, was ich ihm vorgebe und worauf ich bestehe. Eigenes kommt ihm nicht so leicht in den Sinn. Nun aber hält auch er seine eigene Geschichte in den Händen. Jeden einzelnen Druck hat er allein in den Flur gebracht, um ihn zum Trocknen aufzuhängen. Dabei hat er immer wieder leise vor sich hin gelesen, was auf jedem einzelnen Blatt gedruckt steht, gerade so, als wollte er sich vergewissern, dass es dort wirklich steht: *Es war einmal ein Bub. Der hatte eine Freundin. Jannik*

Manchmal kommt ein Kind zu mir, fragt mich, ob es drucken darf, weiß aber noch nicht, welche seiner Geschichten es drucken möchte. Dann suchen wir gemeinsam eine aus. So kommt jedes Kind an die Druckerei und zu seiner gedruckten Geschichte.

Nur fünf Kinder haben bislang noch keine eigene Geschichte gesetzt. Vier davon sind in ihrer Schriftsprachentwicklung noch nicht so weit; Peter könnte, traut sich aber noch nicht. Er hilft anderen Kindern beim Setzen, kennt alle Buchstaben, weiß, wo sie im Setzkasten zu finden sind. Hin und wieder ermutige ich ihn sachte, dass er in der Arbeitszeit eine Geschichte schreiben könnte. Noch möchte er nicht. Es wird kommen.

Aus meiner Arbeit in der Grundschulwerkstatt während des Studiums weiß ich, dass die Druckerei, die ich jetzt habe, für das erste und zweite Schuljahr gut geeignet ist. Die Geschichten der Kinder sind dann meist noch kurz. Im dritten und vierten Schuljahr werden sie zu lang. Dann muss man die Kinder auf das (Ver-)Dichten bringen. Ich freue mich schon darauf und lese gerade das anregende Buch einer erfahrenen Lehrerin: *Ute Andresen: „Versteh mich nicht so schnell".*

Vorbereitete Umgebung

◆ Freie Arbeit ist Arbeit. 26. März

Zwar dürfen die Kinder morgens, wenn sie noch frisch sind, in ihrer besten Zeit also, arbeiten, was sie wollen, aber *arbeiten* müssen sie. Das ist so selbstverständlich, dass ich es nicht zu sagen brauche. Wer kommt, macht sich an seine Arbeit. Darauf ist das Klassenzimmer eingerichtet. Ich selbst bin ein wichtiger Teil dieser *vorbereiteten Umgebung.*

Manchen Kindern sage ich, welche Arbeit nun dran ist. Sie befolgen meine Anweisungen meist gern. Wenn sie nicht mögen, sagen sie es mir. Dann weiß ich, dass mein Angebot für sie zu früh kommt, und frage sie zu einem späteren Zeitpunkt noch einmal. Manchen Kindern erlaube ich nicht, mit einem bestimmten anderen Kind zusammenzuarbeiten. Jannik zum Beispiel darf nicht mit Emil zusammenarbeiten. Das hat zwei Gründe: Emil soll lernen, auch etwas für sich zu tun, nicht nur, sich vor anderen hervorzutun; Jannik soll sehen, dass er auch ohne Hilfe Eigenes schaffen kann. Wenn Jannik mit Emil zusammenarbeitet, arbeitet nämlich nur Emil.

Nicht selten beobachte ich, wie ein Kind auf das zurückkommt, was es bereits gut kann. Es nimmt aus dem Regal ein Material, über das es längst hinaus ist: den *Rosa Turm*, die *Braune Treppe*, die *Spindeln*, die *Einsatzzylinder*. Das sind Materialien, die eher in das Kinderhaus gehören. Damit arbeitet es oft lange und, so scheint mir, konzentrierter als mit neuem Material. Ich kann mir nicht so recht erklären, worin der besondere Reiz dieser Wiederholung liegt, aber ich sehe, wie ernst es ihm damit ist. Vielleicht ist es die Freude an der Qualität der Arbeit. Etwas können ist das eine; danach kommt: etwas gut oder gar sehr gut können.

Besonders eindrücklich zeigt sich das bei den Fadenfiguren. Das Material ist denkbar einfach: eine zwei Meter lange Schnur, an den Enden zusammengeschweißt. Drei Fadenfiguren habe ich den Kindern gezeigt: die Fliege, die Maus und den Wigwam. Hat man die Figur so weit gelernt, dass man sie richtig macht, beginnt der nächste Schritt. Nun will man sie schön machen, und zwar nicht nur im Ergebnis, sondern auch in der Bewegung, die zum Ergebnis führt. Ich spüre, wenn ich den Kindern zusehe, ihr Streben nach Eleganz und Perfektion. Es ist ein Üben, das eigentlich nie zu einem Ende kommt. Vielleicht tun die Kinder deswegen gern das, was sie bereits gut können. Sie wissen um die noch zu verbessernde Qualität ihrer Arbeit.

◆ **Erst jetzt bekommen die Kinder ein Gefühl dafür,
   wie laut sie sind und wie leise sie sein können.**

Für mich sind immer 25 Kinder bei der Arbeit; ich sehe alle und höre alle. Für die Kinder ist die Welt anders. Zwar ist jedem immer bewusst, dass es nicht allein ist, aber es kann nicht ständig auf die anderen 24 Rücksicht nehmen. Wenn jedes Kind ganz normal redet, ist das für jedes einzelne normal. Doch zusammengenommen ist es unerträglich laut. Das Unerträgliche ist eine Folge der Enge des Raumes, in dem so viele Kinder einen ganzen Vormittag zusammengehalten werden. Daraus ergeben sich Anforderungen, die glatte Überforderungen sind. Ich habe dafür keine Lösung, auch ich muss bei der Forderung, leise zu sein, bleiben und ihr immer wieder Nachdruck verschaffen. Aber ich muss mir auch immer wieder klarmachen, welche Anstrengung die Schule auch in dieser Hinsicht von den Kindern verlangt. Kein Kind ist von Natur aus darauf vorbereitet, mit 24 anderen Kindern zusammen – und dabei auch noch leise zu sein.

Stimme und Froschlaich

◆ **Meine Stimme ist fast wieder weg.**   2. April

Das ist aber nicht schlimm, denn ich brauche sie längst nicht mehr so wie am Anfang. Ich kann leise reden. Aber viel reden muss ich. Mehr noch muss ich zuhören und mitreden können: heute morgen gleich zu Beginn mit Nelson und Peter über den Atlantosaurus. „Das ist der größte aller Dinosaurier – wirklich so groß wie drei Eichen, mindestens."

 Wie meint Nelson das, wie groß sind drei Eichen – nebeneinander oder übereinander? Der Atlantosaurus würde eine ganze Kirche füllen, meint Peter. Kirche und Dinosaurier – das finde ich eine verwegene Kombination. Aber ich will nicht weiter nachfragen, ich muss meine Stimme schonen.

 Dann kommt Isabel. Sie hat uns heute Froschlaich mitgebracht. Helle Aufregung ums Einmachglas. Es wird immer lauter, nur meine Stimme wird immer leiser.

 Das Singen und Vorlesen muss ausfallen. Heute ist Freitag. Ich nehme den Froschlaich mit nach Hause. Am Montag wird meine Stimme wieder da sein. Diese Gewissheit beruhigt. Übung mit Froschlaich habe ich nicht. Das beunruhigt. Warum ist der nicht im Studium vorgekommen? Ich muss am Wochenende ein paar Kundige anrufen.

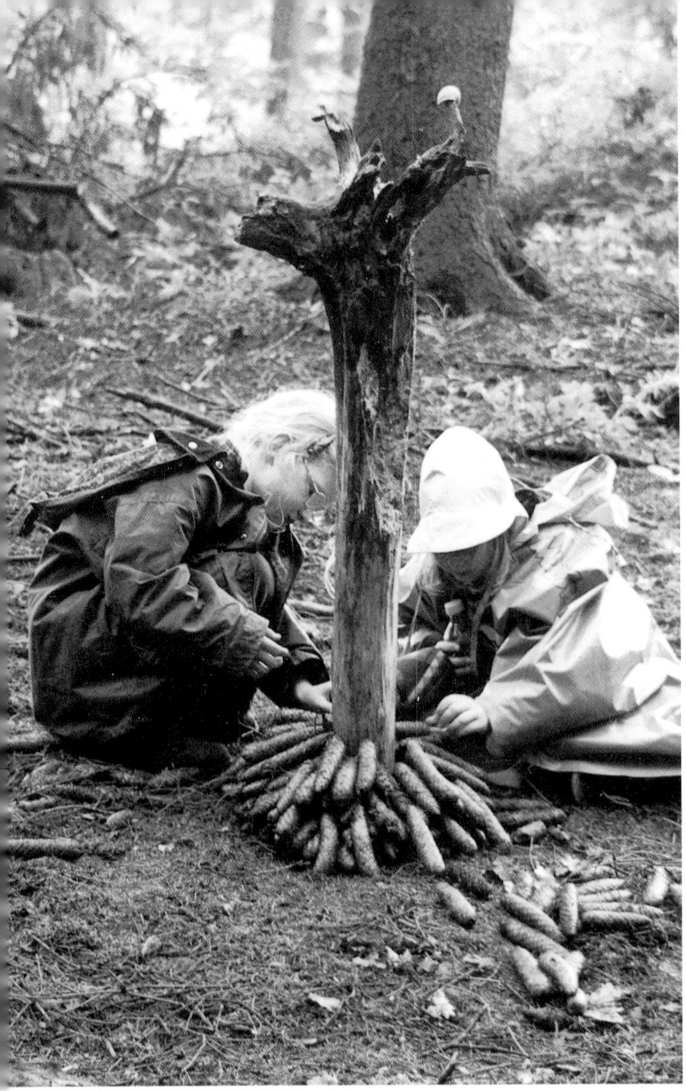
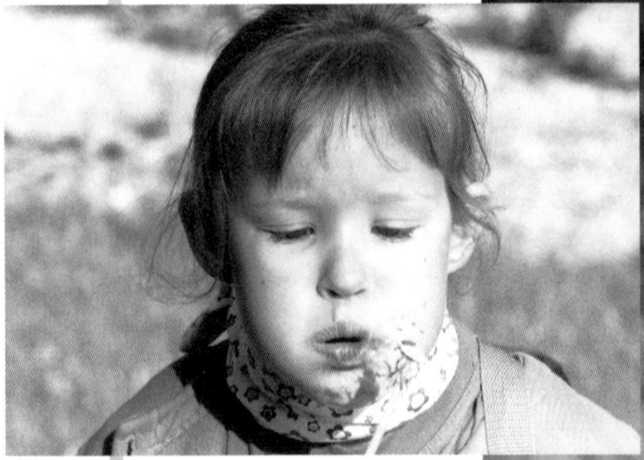
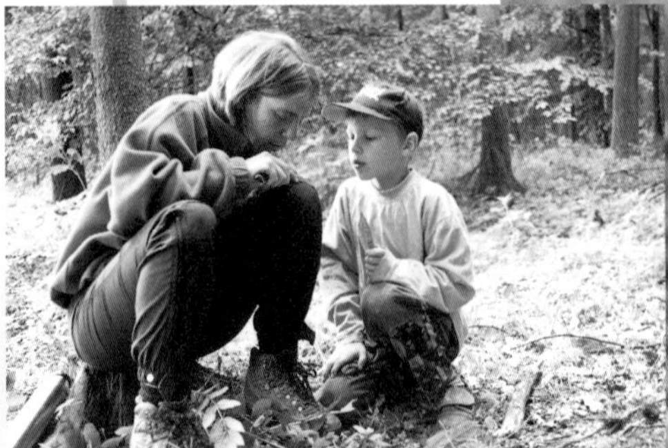
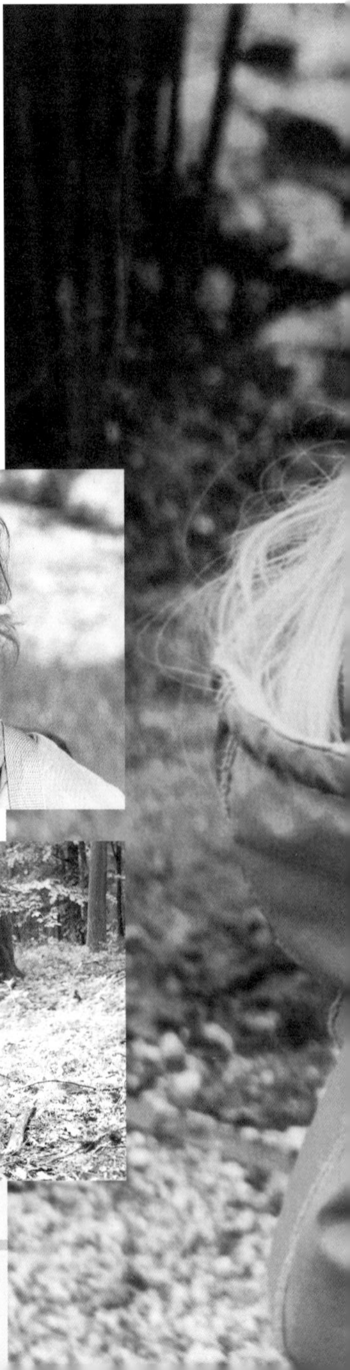

Draußentage

7. Mai

◆ **Seit den Osterferien machen mein Kollege Franz und ich einmal in der Woche einen Draußentag.**

Jeden Mittwoch sind wir mit unseren Klassen nicht wie gewohnt in der Schule, sondern im Wald. Jedes Mal sind wir am selben Ort. Ein Stück müssen wir mit dem Bus fahren, dann ein Stück gehen, dann sind wir da. Dort machen wir keinen Wandertag, sondern einen Bleibetag. Der Wald ist kein Klassenzimmer, eine für das Lernen der Kinder vorbereitete Umgebung ist er gleichwohl.

Der Mittwoch als Draußentag gibt der ganzen Woche einen Rhythmus: Zwei Tage sind wir drinnen, einen Tag sind wir draußen, dann wieder zwei Tage drinnen. So viel Draußen muss sein, damit man so viel Drinnen aushalten kann. Zwei Tage Lesen, Rechnen und Schreiben, ein Tag anderes, zwei Tage Lesen, Rechnen und Schreiben. So viel anderes muss sein. Was aber ist das Andere?

Während meines Studiums hatte ich das Glück, an *außerschulische Lernorte* geführt zu werden. Dazu gehörten Tage und Nächte im Wald. Nicht mit Lagerfeuer und Stockbrot, sondern mit Stille und dem leisen Bellen junger Füchse, das uns in dunkler Nacht ein wenig unheimlich war. Damit verbunden war ein Praktikum in einer zweiten Klasse. Dort war der Mittwoch ein Draußentag. Nie wieder während des Studiums habe ich Schulkinder so zufrieden gesehen, weil sie so unbeschwert ihrer Neugier nachgehen durften. Vielleicht kann man nicht alles, was im Lehrplan für den Sachunterricht steht, so lernen, aber vielleicht doch das meiste. Während meiner Zeit als Lehramtsanwärterin an der Laborschule in Bielefeld durfte ich die Draußentage in einer dritten und vierten Klasse ein- und durchführen. Seitdem weiß ich, wie gut sie den Kindern – und auch mir – tun.

In „unserem" Wald am Rande von Regensburg haben die Kinder einen Bach und eine Lichtung, Büsche, Bäume und Pflanzen, Frösche, Käfer, Spinnen und Ameisen – von Letzteren einen Haufen. Das reicht für einen ganzen Tag.

Viele Kinder zeichnen gern. Das liegt an mir, denn ich tue es auch. Und so habe ich für alle immer die Zeichenbücher dabei. Zeichnen ist keine leichte Sache, für Erstklässler schon gar nicht. Man muss sich die Dinge sehr genau anschauen, um sie zu Papier bringen zu können. Im Schauen lernt man die Dinge kennen.

Viele Kinder schnitzen gern. Das liegt am Messer. Messer sind scharf, man kann sich damit verletzen. Wer aber mit einem Messer umzugehen weiß, verletzt sich nicht, sondern kann viel damit machen. Ich habe den Kindern gezeigt, wie man eine einfache Rindenflöte schnitzt. Man braucht einen fingerdicken Zweig von der Eberesche und ein scharfes Messer. (Am Rande: Es war gar nicht schwer, die Eltern vom Gebrauch des Messers zu überzeugen.)

Alle Kinder spielen gern. Dazu muss man nichts sagen, denn das steckt tief in ihnen drin. Der Wald ist der anregendste Spielplatz überhaupt, denn es gibt dort kein Spielzeug und keine Spielgeräte. So einfach ist das.

Fast alle Kinder sammeln gern. Auch das muss tief in ihnen drin sein. Draußen kann man alles Mögliche sammeln: Tannenzapfen, verschiedene Blätter, gelbe Blüten, kleine Frösche, bunte Kiesel. Meistens findet man Merkwürdiges.

Manche Kinder toben gern. Jungen besonders. Ich denke oft darüber nach, dass die Schule kein besonders guter Ort für sie ist. Der Wald ist einer.

Für alle Kinder ist der Draußentag ein Geschenk. Er versöhnt sie mit mir und den Ansprüchen, die ich an sie stelle. Sie spüren, wie ernst ich es mit diesen Ansprüchen meine, aber sie spüren auch, dass ich die Ansprüche nicht über sie stelle.

Draußen sind nur sie. „Draußentage sind mein Lieblingsfach", sagt Simon. Meins auch.

Raupen und Schmetterlinge

◆ **Unsere Raupen haben sich verpuppt.** 16. Juli

Nach einer langen Fressphase sind aus den Raupen, die wir täglich mit frischen Brennnesseln versorgt haben, Puppen geworden. Sie sind ganz anders, wirken wie tot. Dann haben wir uns zwei Wochen in Geduld geübt und darüber fast vergessen, dass und wo die Puppen hängen. Dann das Wunder: Eine Puppe öffnet sich und gibt einen Schmetterling frei – einen Kleinen Fuchs. Am Ende des Tages sind es vier. Einen Tag später weitere fünf. Wir mögen es kaum glauben. Aus den anfangs so winzigen, ganz unscheinbaren Raupen sind in einer zweifachen Verwandlung farbenprächtige Tagfalter geworden.

Einige Tage nach diesem Erlebnis habe ich *eigene* Schmetterlinge malen lassen, jedes Kind einen, *seinen*. Was ich damit meine, mache ich im Kreis vor und dabei deutlich, worauf es ankommt. Jeder Schmetterling hat einen langen, schmalen Körper und immer sind es drei Teile: der Kopf (an dem die Fühler sind), die Brust (an der die Flügel sind), der Rumpf. Was rechts vom Körper ist, muss auch links sein. Das nennt man

Symmetrie. Ein Flügel rechts, ein Flügel links, ganz gleich. Und nicht vergessen, dass jeder Flügel ein Flügel*paar* ist. Wir haben es bei den Kleinen Füchsen genau gesehen. Die Symmetrie zeigt sich nicht nur in der Form, sondern auch in den Farben der Flügel. Was rechts ist, muss auch links sein. Jede Form und jede Farbe auf beiden Seiten – gespiegelt.

Für die Entstehung *meines* Schmetterlings brauche ich fast 20 Minuten. Die Kinder sollen spüren, dass ich mir Mühe gebe, dass ich es so gut mache, wie ich eben kann. 20 Minuten beanspruche und habe ich ihre ganze Aufmerksamkeit. Als ich am Ende bin und sie anfangen können, muss ich kein Kind mehr ermutigen. Jedes will auch einen, seinen schönen Schmetterling malen.

Vorbereitet habe ich zur Orientierung ein Blatt mit sechs typischen Flügelformen sowie pro Kind einen dünnen Karton in der Größe eines halben Zeichenblatts (etwas kleiner, damit ein Rand bleibt). Die Kinder zeichnen einen Flügel auf Karton, schneiden ihn aus und haben damit eine Schablone, die sie umklappen können. So wird der Umriss des linken und des rechten Flügels gleich und der Schmetterling füllt das Papierformat.

Den Umriss des Schmetterlings zeichnen die Kinder mit schwarzem Fineliner, für die Flügelfarben gebe ich ihnen Jaxon-Kreiden. Schmetterlinge sind farbenprächtig, aber die meisten haben zugleich viel Schwarz auf ihren Flügeln. Auch ich habe bei meinem Schmetterling zuerst schwarze Kreide aufgetragen. Das hat die Kinder an mir zweifeln lassen: Wie soll so Farbenpracht entstehen? Abwarten. Schwarz ist ja nur der Anfang. Danach konnte ich mit wenigen Farben den Schmetterling bunt und die Kinder staunen machen. Schillern lasse ich ihn, indem ich die Farbe strichförmig auftrage.

Nachdem alle fertig waren, habe ich die Schmetterlinge auf dem Teppich ausgelegt. Jedes Kind ist durch diese „Galerie" gewandelt und hat zu jedem Schmetterling auf kleinen Zetteln Namensvorschläge gemacht. Zuvor hatte ich erklärt, wie verschieden die Bezeichnungen von Schmetterlingen sind. Manche beziehen sich auf die Hauptfarbe, andere auf das Flügelmuster, oft steht -schmetterling oder -falter am Ende. Am Schluss unserer Namensgebung durfte sich jedes Kind aus der Fülle der Vorschläge zu dem von ihm gemalten Falter den passendsten Namen aussuchen.

Wir hatten in unserer Sammlung: Schrankfalter, Braunauge, Sonnenfalter, Schwarztupf, Gelbling, Streifling, Blauer Zickzackfalter, Schwarze Schönheit, Lilaner Sechsradfalter, Blauspitze, Thronfalter, Tanzfalter, Buntfink, Achtfalter, Grüner Falter, Blauling, Rosa Rose, Raketenfalter, Rotauge, Gespenstfalter, Buchfalter, Regenbogenfalter, Bunter Rhabarberfalter, Schöner Falter, Bunter Clown, Rotpunkt, Kolibrifalter, Bunte Schwalbe, Schneemannfalter, Zehenfalter, Weißspitze.

Am Wochenende habe ich jeden Schmetterling fotografiert und die Fotos auf einem großen Karton zu einer Schmetterlingssammlung zusammengestellt. Mit Namen, versteht sich.

Schularbeiten

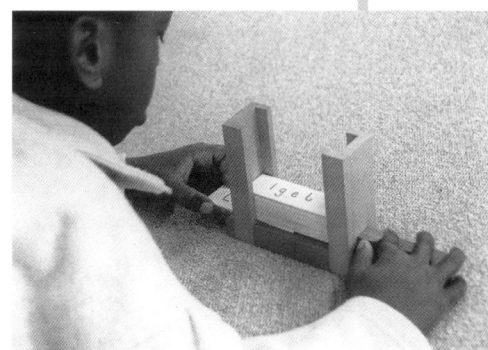

Schularbeiten

Abb. 1–4: Die Entstehung und Verwendung der Engel ist im Brief vom 5. Dezember beschrieben: *Engel lassen grüßen.*

Abb. 5 und 6: Die Geschichten sind in einer 36-Punkt-Schrift gesetzt und mit einer Klapp-presse gedruckt worden. Zu seiner Geschichte hat jedes Kind einen Entwurf für einen Stempeldruck gezeichnet. Den Entwurf habe ich auf Moosgummi gerieben, aus-geschnitten und auf ein Holzklötzchen geklebt. Jedes Kind druckt und illustriert sei-ne Geschichte immer in Klassenauflage.

Abb. 7: Bei diesem Bild habe ich mit einer Handwalze den Fluss (in Regensburg die Donau) aufs Papier gebracht. Die Fische sind mit Stempeln aus Moosgummi (s. o.) ins Wasser gesetzt worden. Die Fische waren auch gut für die Eintrittskarten für ein Schwimmtheater der fünften Klasse.

Abb. 8: Die beiden Schmetterlinge gehören in die Sammlung, deren Entstehung im Brief vom 16. Juli *Raupen und Schmetterlinge* beschrieben ist.

Abb. 9 und 10: Den Türmen (Fineliner und Jaxon-Kreide auf DIN A3) ist im Reli-gionsunterricht die Geschichte vom Turmbau zu Babel vorangegangen. Zur weiteren Anregung diente ein Foto-Buch über Türme von Paul Maar.

Abb. 11: Den beiden Bildern (Fineliner und Buntstift auf Packpapier DIN A4) ist das Gedicht „Auf dieser Erde" von Josef Guggenmos vorangegangen:

> Zwei Pferde gingen bekümmert
> im Gänsemarsch durch den Schnee.
> Sie traten in ein Gartenhaus,
> das hatten sie selber gezimmert.
> Dort zogen sie ihre Halfter aus
> und tranken Kaffee.
> Doch unter dem Deckel der Zuckerdose
> fanden sie eine Herbstzeitlose
> mit angezogenen Knien hocken
> (sie hatte sich vor dem Frost verkrochen
> und sah nun mit blasslila Augen her).
> Ich kann nicht mehr,
> sagte das eine Pferd,
> es ist alles so Winter auf dieser Erde.

© Josef Guggenmos

Zu Beginn des ersten Schuljahres habe ich den Kindern mithilfe einer Schreibtabelle beigebracht, wie man vom gesprochenen Wort die zu den Lauten passenden Buchstaben findet, um mit ihnen das Wort möglichst lautgetreu schreiben zu können.

Dazu habe ich ihnen ein Heft gegeben, in das sie schreiben können, was sie möchten. Die DIN-A4-Hefte sind unliniert, weil das Schreiben zu Beginn oft noch eng mit dem Malen verbunden ist. Auch ist die Orientierung an Linien für viele Kinder eine Schwierigkeit, die ich ihnen nicht zumuten wollte, um ihre Schreiblust nicht gleich zu belasten.

Manchen Kindern sind immer schon ganze Geschichten im Kopf, die sie zu Papier bringen wollen. Andere Kinder schreiben lange Zeit nur einzelne Wörter. Für Kinder, die nicht wissen, was sie schreiben sollen, habe ich einen Kasten mit anregenden Kunstpostkarten.

Abb. 12: Kilian hat während seines ersten Schuljahres immer nur einzelne Wörter geschrieben. Er hat eine Karte ausgesucht und sich dazu sein Wort gedacht. Damit ich die Wörter den einzelnen Karten zuordnen konnte, hat Kilian die Nummer notiert, die auf der Rückseite der Karte vermerkt ist. Manchmal hat ihn das dazu geführt, nur Zahlen zu schreiben.

Abb. 13: Nelson findet das Schreiben sehr beschwerlich. Am liebsten schreibt er gar nicht. Wenn doch, dann nur kurz. Nicht das Erfinden von Geschichten macht ihm Mühe. Im Gegenteil: Eigene Geschichten sind ihm eine große Freude. Man sieht es seinen Bildern an. Das Schreiben ist es, was ihn plagt.

Abb. 14: Simon schreibt mit seiner linken Hand. Oft schreibt er von rechts nach links.

Abb. 15: Tim hat nur ein Thema, zu dem er schreibt, aber zu dem Thema schreibt er gern, umfangreich und fantasievoll: Militär – Katastrophen – Grausamkeiten. Ich habe mich damit abgefunden. Es ist zurzeit seine Sache. Ich muss sie ihm lassen.

Abb. 16: Kerstin hat einen Bruder in der vierten Klasse. Der gibt die Schülerzeitung heraus und schreibt spannende Geschichten vom Umfang eines ganzen Heftes. Kerstin muss noch lernen, dass der Gehalt einer Geschichte nicht allein schon durch ihre Länge bestimmt wird.

Abb. 17: Neben dem Freien Schreiben üben die Kinder den richtigen Bewegungsablauf für jeden einzelnen Buchstaben. Viele tun es nicht gern, aber es muss sein. Sie haben ja ihre Geschichten im Kopf, um die es ihnen geht. Ich aber muss auch an ihre Handschrift denken.

Abb. 18: Janna hat das Schreiben in sich aufgesogen. Am Ende der ersten Klasse schreibt sie viele Wörter von alleine richtig. Ihre Geschichten werden oft zu Gedichten.

Abb. 19: Die Kinder müssen nicht nur die Form der Buchstaben lernen, sondern auch deren Lage im Raum. Für einige ist das eine große Schwierigkeit. Kein Wunder, man denke nur an: d, b, p, q.

Abb. 1-4

Die Hühner fres-
sen Körner. Sie
hören was. Sie
gucken hin. Sie
sehen den Robert.
Sie freuen sich
schon sehr.

Sophie

Abb. 5

Es war einmal
eine reiche Fami-
lie. Eines Nachts
kam ein Dieb
und stahl das
Geld.

Sebastian

Abb. 6

Abb. 7

Abb. 8

Abb. 9

Abb. 10

Abb. 11

Abb. 12

Abb. 13

Abb. 14

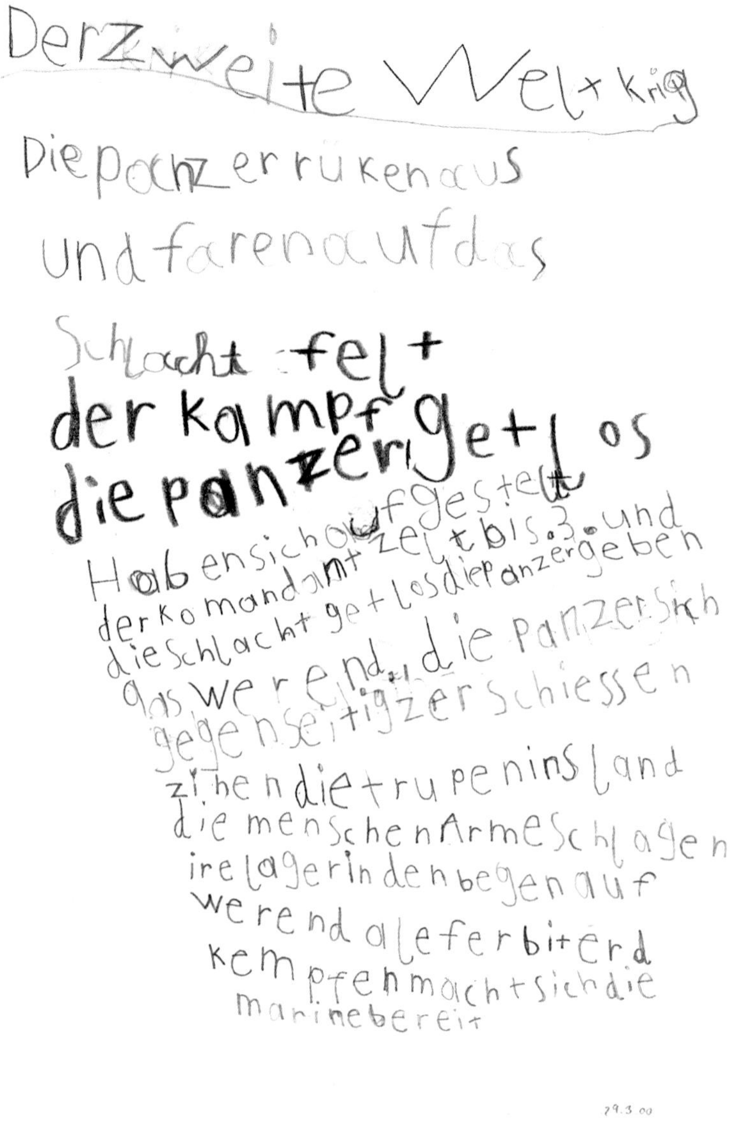

Der zweite Weltkrig

Die panzer ruken aus

und faren auf das

Schlacht feld
der kampf get los
die panzer get los

Haben sich aufgestellt
der komandant zelt bis 3 und
die schlacht get los die panzer geben
gas werend die panzer sich
gegenseitig zerschiessen
zihen die trupen ins land
die menschen Arme schlagen
ire lager in den begen auf
werend ale ferbitert
kempfen macht sich die
marine bereit

Abb. 15

29.3.00

76

ES WAR einMAL ein Meus-
chen das WOLLTES BCK
KLAUEN bei einer BÖSENF-
LICHE böse Fee AUCH das kein wirk-
WAR NUR EINE ÄLTERE FRAU DIE EIN
KLEIN bischEN ZAUBERN KONNTEN
SiE hAT TÖTE dAS MEUSchEN ERWISCHT
UND WEIL SiE NUR HALB SO BÖSE WAR
WiE MAN ES ihR NACHSAGTE
LIES SiE ES ABER FREI UND SAGTE NUR
DUMMES MEUSCHEN ZuR STRAFE
U FORIAN FA BE BEKENNEN BEi ALLEM WAS
AUF RIST DAS FRECHE MEUSCHEN DAS ÜB-
RIGENS JONAthAN hiES LACHtE NUR
WENN DAS ALLES IST PiEPS STELE SUND
RAUS FRO FRÖDER FRAU DiE ZUNGE
WONNE NE FREI SEINE WIE DER GE
dAVON SO SchNELLES hEiT RANNtE ES
hAUSE WEG KAM ES AM HOF des BAUER
STANGELMOSER VORBEi UND WEIL ES JUNGE
iG WAR BEschLOS dAS MEUSChEN SiCh hIER ES PAN tEiNE
DT NACH ET WAS ES BA REM UM ZU SE HENES FRÖNLICH dAW AS bis
GELbE RUBE UND K NABBERtE ICH BiNE NE MAUS d
TOD U DE N F REI NSELTSAMES GES höPFK NURRTI
E hiNDER ihM TOBiAS höPFK NURRTI
DEPP GAB JONATA
T BOBiA SSchÜTTELTE dEN KOPF WO hUND
MEUSESiN dOCH GRAU

Abb. 16

Abb. 17

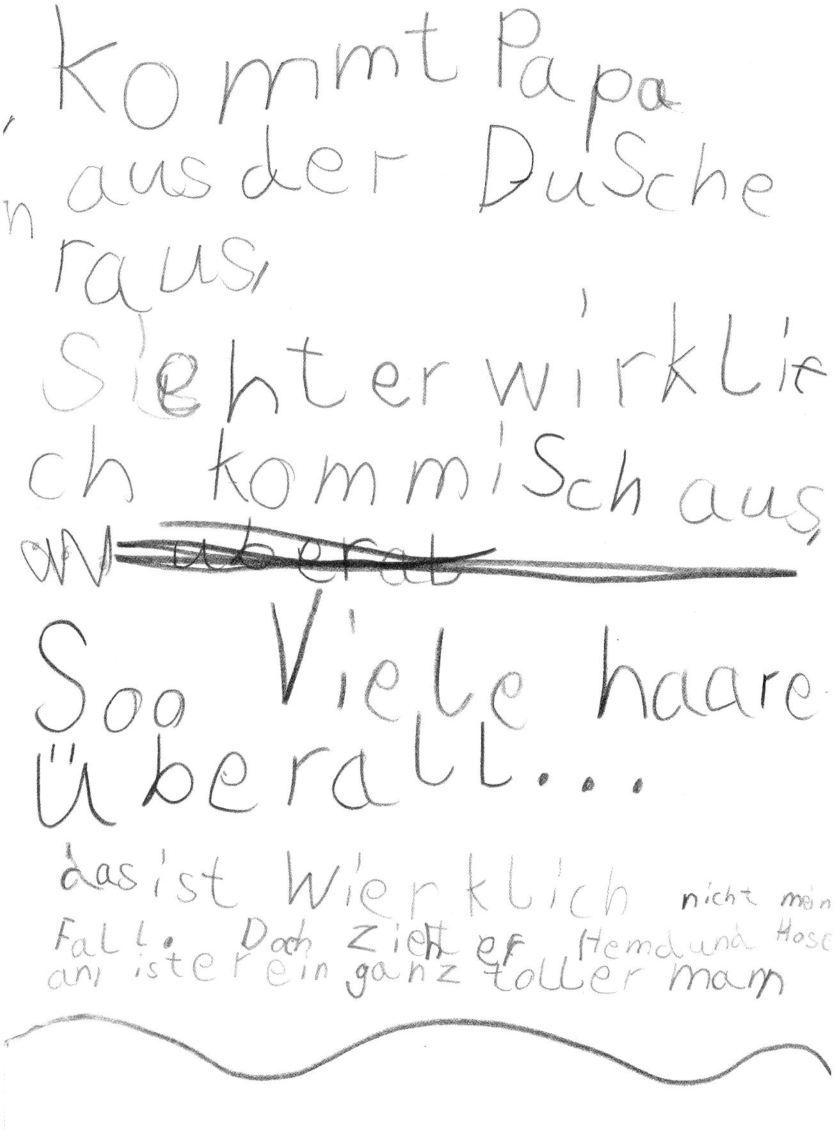

,kommt Papa
,aus der Dusche
,raus,
Sieht er wirklie
ch kommisch aus,
~~un überall~~

Soo viele haare
überall...

das ist wierklich nicht mein
Fall. Doch zieht er Hemd und Hose
an ist er ein ganz toller mann

Abb. 18

79

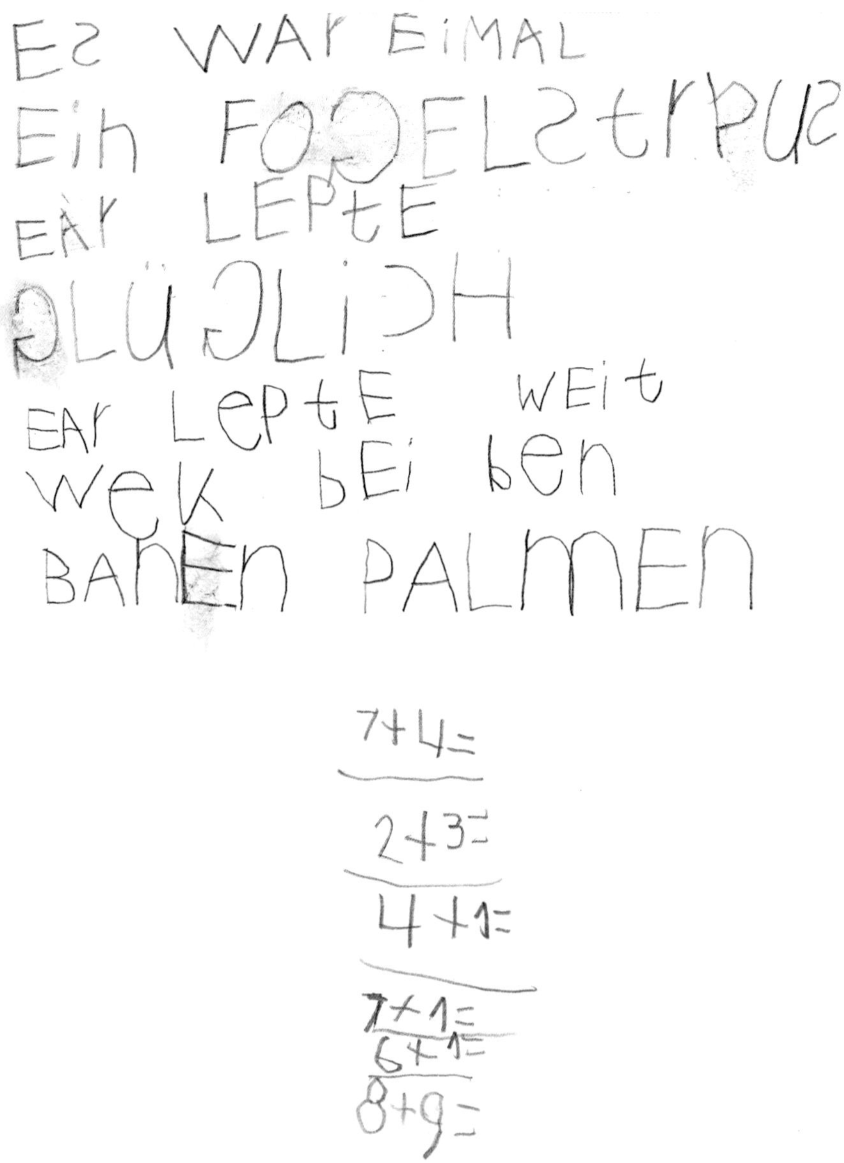

ES WAr EiMAL
Eih FOGELSTrPUS
EAr LEPtE
GLÜGLIDH
EAr LEPtE WEit
wEK bEi bEn
BAhEN PALMEN

$7+4=$

$2+3=$

$4+1=$

$7+1=$
$6+1=$
$8+9=$

Abb. 19

Zum Ende des ersten Schuljahres

Briefe an meine Kinder

◆ **Zum Ende des Schuljahres musste ich den Eltern eines jeden Kindes über dessen Lernfortschritte schriftlich berichten.**

Ich habe dies in Form eines Briefes an das Kind getan. Das Kind sollte wissen, dass meine Sorge ihm gilt, nicht den Eltern, und dass ich nichts an ihm vorbei schreibe, schon gar nicht ein „Zeugnis".

So hat jeder Brief zwei ganz verschiedene Adressaten. Diese Spannung hat mich in Einzelfällen sehr belastet.

Dem Kind gegenüber wollte ich die Lernfortschritte hervorheben, um es in seinem weiteren Lernen zu stärken, den Eltern gegenüber wollte ich zuweilen deutlich machen, dass die Lernfortschritte nicht so groß waren, wie sie es von ihrem Kind erwartet haben.

Nicht alle Briefe sind in voller Länge abgedruckt. Mit den Kürzungen will ich dem Leser nichts verschweigen, mich auch nicht nachträglich entlasten. Aber da alle Kinder ja das Gleiche lernen sollen und sie in ihrem Lernen auch in vieler Hinsicht ähnlich sind, enthalten die Briefe nicht selten wortgleiche Formulierungen. Diese habe ich herausgenommen. Die Stellen habe ich nicht eigens gekennzeichnet.

Heute gelesen, wünsche ich mir, ich hätte den einen oder anderen Brief anders geschrieben. Mit anders meine ich einfühlsamer, verständnisvoller, bestärkender. Über einzelne Formulierungen erschrecke ich sogar. Sie konnten die Kinder und die Eltern verletzen. Als mir das bewusst wurde, habe ich mich bei den Eltern entschuldigt. Bei den Kindern konnte ich meine Fehler leichter gutmachen. Ich bin ja täglich mit ihnen zusammen.

Zum Ende des ersten Schuljahres habe ich mich ganz still vor die Klasse gestellt, damit die Kinder ihre Lehrerin zeichnen konnten. Das haben sie gern, mit Ausdauer, Ernst und Vergnügen getan. Jede Zeichnung sagt (zumindest mir) viel über das Kind, das sie angefertigt hat. Deshalb habe ich die Zeichnungen den Briefen zugefügt. Die Originale sind von sehr unterschiedlicher Größe. Die Größenverhältnisse wurden hier beibehalten.

Die Namen der Kinder sind so geändert, wie in den anderen Teilen dieses Buches auch. Die Abfolge der Briefe ist alphabetisch.

◆ **Lieber Alexander,**

erinnerst du dich noch an die Brotzeit, in der du nichts zu trinken bekommen hast? Das lag an mir: Ich hatte vergessen, dir etwas einzuschenken. Es lag aber auch an dir: Du hast es mir nicht gesagt. Erst nach der Brotzeit hast du es mir schlecht gelaunt gesagt. Inzwischen erinnerst du mich in einem solchen Fall sofort und freundlich. Auch anderes zu sagen, hast du gelernt. Linda zum Beispiel sagst du, dass sie nicht über dich bestimmen soll. Es ist gut, dass du ihr das sagst. Wenngleich ich finde, dass du es manchmal auch etwas freundlicher tun könntest. Du musst sie deshalb nicht ärgern. Such dir einfach eine andere Arbeit.

In der Arbeitszeit hast du immer etwas vor. Besonders gerne arbeitest du mit Lukas zusammen. Dass ihr so oft Plus- und Minusaufgaben mit dem Goldenen Perlenmaterial gerechnet habt, hat euch beiden sehr gut getan. Obwohl du gut rechnen kannst, hast du viel dazugelernt. Plus- und Minusaufgaben mit dem Markenspiel machen dir große Freude. Du hast sie spielend leicht verstanden. Immer besser kannst du Plusaufgaben mit drei Stellen auch im Kopf rechnen. In den Kleinen Rechenrahmen habe ich dich eingeführt. Du kannst ihn gut verstehen. Noch nimmst du ihn dir in der Arbeitszeit nicht vor. Vielleicht, weil man daran alleine arbeiten muss, vielleicht, weil du mich nicht bitten magst, ihn dir weiter zu zeigen. Ich würde das gerne tun, sodass du mit dem Rechenrahmen alleine arbeiten kannst.

Das Rechnen fällt dir besonders leicht. Aber auch das Hören und Spielen von Liedern: „Widele, Wedele" hast du auf dem Xylophon spielen gelernt, nur indem du mir beim Spielen zugeschaut hast. Das Lied, das ich vor dem Vorlesen auf der Flöte spiele, kannst du – glaube ich – auch schon vom Zusehen und Zuhören.

In der Bücherecke bist du immer öfter. Du hast das Lesen sehr gut gelernt. Auch das Schreiben hast du gut gelernt. Inzwischen schreibst du viele Wörter richtig. Beim letzten Diktat hast du gewusst, dass man Hammer am Ende mit er schreibt; Fußball schreibst du richtig mit scharfem ß und am Ende mit zwei l.

Obwohl du zwei Geschichten geschrieben und die auch gedruckt hast, schreibst du in der Arbeitszeit selten. Das ist in Ordnung. Wenn du drucken möchtest, denk bitte daran, dass du eine Geschichte schreiben – und sie mir zeigen musst.

◆ **Lieber Dominik,**

nun hast du keine Angst mehr davor, dass andere Kinder aus der Klasse mehr könnten als du. Lange Zeit hast du Nelson gefürchtet, weil er das Lesen schon vor der Schule konnte, während du es erst noch lernen musstest. Inzwischen liest du nicht nur gut, sondern magst auch Nelson gerne. Auch Lukas, Nele und Jannik hast du ein wenig gefürchtet. Sie waren schon ein Jahr in der Schule, bevor sie zu uns kamen. Anders als du mussten sie das Schreiben nicht mehr lernen. Das zu akzeptieren ist dir nicht leicht gefallen. Doch seitdem du schreiben kannst, geht es dir gut in der Schule.

Schon lange ist es dir nicht mehr passiert, dass du anderen Kindern etwas nachmachst, obwohl du weißt, dass es nicht richtig ist. Du bist eine Stütze für die Kinder, die sich nicht gut an die Regeln halten können. In der Versammlung lässt du dich von keinem Kind mehr ablenken.

In der Arbeitszeit kannst du mit jedem Kind gleich gut und gerne arbeiten. Nie setzt du deinen Kopf durch, immer achtest du auf die anderen Kinder. Wer mit dir arbeitet oder mit dir in der Pause spielt, kann sich freuen.

In der Arbeitszeit bist du am liebsten in der Bücherecke und liest Geschichten oder an der Hörbar und hörst Geschichten. Du weißt, dass auch andere Arbeiten wichtig sind. So nimmst du dir in letzter Zeit immer auch das Rechnen und Schreiben vor, ohne dass ich dich daran erinnern muss.

Beim Rechnen bist du sehr weit. Wahrscheinlich konntest du es schon vor der Schule gut – so wie Nelson das Lesen und andere Kinder das Schreiben. Nur ist es dir nicht so aufgefallen. Inzwischen bemerkst du selbst, wie gut dir Rechnen gelingt. Du löst bereits viele Aufgaben im Kopf. Du bist das einzige Kind, das bereits ohne Mühen mit dem Kleinen Rechenrahmen rechnet.

Beim Schreiben von Zahlen und Buchstaben, die man möglichst schön in sein Heft schreiben soll, bitte ich dich oft, langsamer und ordentlicher zu schreiben. Wie bei vielen Arbeiten kommt es nicht darauf an, dass man sie schnell erledigt. Auch im zweiten Schuljahr sind Übungen wichtig, die gut für deine Schrift sind. Deine Schrift ist noch nicht ganz klar. Es ist etwas, worin du dich noch üben musst.

Beim Turnen bist du sehr geschickt und ein schneller und ausdauernder Läufer. Bei unserer „Löwenjagd" magst du nie ein Fänger sein wie die meisten Kinder. Du bist viel lieber ein freier Löwe und befreist die Gefangenen aus ihrem Käfig – sehr viele in sehr kurzer Zeit. Damit erfreust du viele Kinder.

◆ Liebe Elisabeth,

schon ist es um, dein erstes Schuljahr, und du hast in diesem Jahr eine Menge gelernt. In der Arbeitszeit hast du immer etwas vor. Wenn du mal nicht weißt, was du gerade arbeiten kannst, überlegst du dir etwas. Selten musst du mich um Rat bitten.

Was du schreibst, kann jeder Erwachsene lesen. Du schreibst sehr schöne Geschichten. In deinem Schreibheft sind viele davon. Zwei hast du gedruckt. Deine ers-

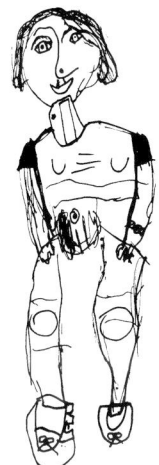

te Geschichte hast du mit der kleinen 12-Punkt-Schrift gesetzt. Das ist eine große Leistung. In der Druckerei arbeitest du genau und sorgfältig. Das sieht man deinen Drucken an. Die Seiten in deinem Schreibheft zum Buchstaben der Woche sind außergewöhnlich geworden. Auf ihnen findet man so viele Wörter mit dem Buchstaben, dass es eine reine Freude ist, sie zu lesen oder die schönen Bilder anzuschauen. Den Schreibablauf der Buchstaben hast du gut gelernt. Das Buchstabenheft hast du rasch erledigt. Du hast dir gerne von mir Buchstaben als Hausaufgabe geben lassen.

Beim Rechnen hast du mit den Numerischen Stangen angefangen. Inzwischen kannst du viele Plus- und Minusaufgaben im Kopf rechnen.

Du machst alles gerne. Zeichnen und Malen auch. Für den Draußentag hast du dir sogar ein eigenes Skizzenbuch mitgebracht. Deine Zeichnungen sind sehr genau. So wie mit dem Bleistift gehst du auch mit den Jaxon-Kreiden geschickt um. Bei unserem ABC hast du dir das M ausgesucht. Von Anfang an wusstest du, dass das M der Pulli ist – von einem Mann.

Der Mann ist genau gezeichnet – so sieht ein Mann aus. Und der wohnt in einem Haus. Aus der Tür schaut die Frau heraus. Du hast sehr genau verstanden, wie ich dir erklärt habe, wie man das Haus in den Hintergrund zeichnet. Es muss kleiner sein. Dann wird aus dem Oben ein Hinten. Das ist dir hervorragend gelungen. Mit wenigen Jaxon-Kreiden hast du dein Bild gefühlvoll koloriert.

◆ Lieber Emil,

nun ist dein erstes Schuljahr um. Nach den Sommerferien bist du ein Zweitklässler. Ich weiß, dass du dich darauf freust. Ein Zweitklässler zu sein bedeutet, größer zu sein und mehr zu können. Dir ist es wichtig, mehr zu können als andere Kinder. Du willst besser sein, am liebsten in allem. Zugleich bist du ein netter Junge, und obwohl du gerne angibst mit dem, was du alles kannst, mag dich jedes Kind. Du kannst ja auch eine Menge. Es kommt aber nicht nur darauf an zu sehen, was man kann, sondern auch zu sehen, was man noch nicht kann. Es gibt viele Kinder, die können genauso viel wie du und manche können sogar noch mehr. Das macht nichts. Du bist trotzdem viel wert. Es ist im Leben so, dass man nicht in allem und überall der Beste sein kann. Sei zufrieden mit dem, was du kannst, und akzeptiere, dass die anderen Kinder auch etwas können.

Du kannst viel, dennoch fällt es dir schwer, es auch zu tun. Lieber redest du darüber. Als wir zum Beispiel die Fortsetzung von Ronja geschrieben haben, hast du weniger geschrieben als manches Kind, das noch nicht so gut schreiben kann wie du. Du warst ganz unsicher, hast dich entschuldigt, du hättest vergessen, wie es weiterging (obwohl wir es zuvor ausführlich im Kreis besprochen hatten), wolltest noch einmal nachlesen – und vor lauter Reden konnten deine Gedanken nicht bei der Arbeit ruhen. Mach deine Arbeit, so gut du kannst, und denk nicht darüber nach, wie andere Kinder sie machen. Deine Arbeit ist gut, so wie du, Emil, sie machst. Keiner erwartet mehr von dir.

Dein Schreibheft ist wunderschön. Zu jedem Buchstaben hast du dir viele Wörter einfallen lassen. Du hast sie gezeichnet und geschrieben, manchmal sogar etwas eingeklebt. Schade nur, dass dein Schreibheft kaum in der Arbeitszeit entstanden ist. Es ist zu einem großen Teil zu Hause entstanden; vielleicht schöner und besser, als es dir alleine vormittags in der Arbeitszeit gelungen wäre, aber eben nicht dann, wenn es deine Aufgabe gewesen wäre.

In der Arbeitszeit magst du am liebsten mit einem Kind zusammenarbeiten. Meistens erlaube ich das nicht. Du musst lernen, deine Arbeiten alleine zu machen. Gerne legst du die Perlenketten. Ich bitte dich, noch viel mit dem Markenspiel zu rechnen. Wenn du damit viel gearbeitet hast, kannst du dir den Rechenrahmen vornehmen. Dann wird er dir auch Freude bereiten.

Beim Zeichnen und Malen arbeitest du langsam und genau. Dir gelingen schöne Sachen, über die du dich sehr freuen kannst. Bei den Eintrittskarten für die Aquarello-Vorstellung[1] hast du besonders viele gestempelt. Diesmal nicht, um am Ende die meisten zu haben, sondern weil dir dein Fisch und das Stempeln so gut gefallen haben. Beim ABC hast du dich für das YZ entschieden. Es sind besonders außergewöhnliche Buchstaben. Dir ist ein schönes Bild gelungen. Auf deinen Schmetterling warst du zu Recht stolz.

Lieber Emil, schnell ist dein erstes Schuljahr vorbeigegangen. Du hast viel gelernt und bemühst dich immer mehr, die Arbeitszeit zum Lernen und zum Arbeiten zu nutzen. Ich wünsche dir eine ganz gute Schulzeit und weiterhin so viel Fröhlichkeit und Freundlichkeit wie bisher.

[1] Ein Schwimmtheater der fünften Klasse

◆ Liebe Fanni[1],

du hast ein gutes erstes Schuljahr hinter dir. Mit Geduld und viel Ehrgeiz hast du eine Menge neu gelernt. Beim Schreiben hast du so lange durchgehalten, bis du es geschafft hast. Nachdem du einzelne Wörter schon gut schreiben konntest, stand plötzlich eine Geschichte in deinem Heft. Ich konnte sie in der Versammlung vorlesen. Deine zweite Geschichte hast du gedruckt und beim Setzen bist du mit den vielen Buchstaben gut zurechtgekommen. Da du beim Drucken schon öfter anderen Kindern geholfen hast, war es kein Wunder, dass die Drucke gut geworden sind. Deine Geschichte wird als Erste in unser nächstes Buch kommen.

Beim letzten Diktat konntest du alle Wörter schreiben. Sogar das schwierige Eichhörnchen ist dir so gelungen, dass jeder Erwachsene es lesen kann. Pferd hast du richtig geschrieben: am Ende mit d, obwohl man ein t hört. Die Mehrzahl ist Pferde. So kann man es herausfinden.

Mit dem Schreiben hast du auch das Lesen gelernt. Nun musst du nicht mehr so tun, als ob du liest – nun kannst du lesen. Mit dem Lesen ist es wie mit vielen Dingen: Je mehr man es übt, desto besser wird man darin. Lies, so viel du kannst.

In der Arbeitszeit schaust du dir besonders gerne dein Naturbuch an und malst und schreibst daraus ab. Deine Bilder werden sehr schön. Das sehen auch die anderen Kinder. Bei deinem eigenen Naturbuch ist allen aufgefallen, wie außergewöhnlich deine Bilder sind.

Beim Rechnen hast du viel gelernt. Mit den Streifenbrettern und der Farbigen Perlentreppe kannst du viele Plusaufgaben lösen. Auch im zweiten Schuljahr sollst du dir die beiden Materialien möglichst oft vornehmen. Auch diese Materialien sind gut für dich:
– Schlangenspiel Plus und Minus,
– Rechentrainer bis 20 (mit der Farbigen Perlentreppe),
– Seguin-Tafeln,
– Goldenes Perlenmaterial.

Auch zu Frau Lewerenz[2] gehst du inzwischen gerne. Ihr verdankst du viel. Sie hat dir beim Lernen gut geholfen. Vielen Dank auch an dich und deine Mutter dafür, dass die Kinder bei euch reiten konnten. Ich konnte nicht dabei sein, doch von vielen weiß ich, dass es ein schönes Erlebnis für alle war.

[1]Fanni ist ein Kind mit einer starken Entwicklungsverzögerung, die durch soziale Erlebnisse in der frühen Kindheit bedingt ist. Nun holt sie auf.
[2]Mitarbeiterin des sonderpädagogischen Förderdienstes

◆ Liebe Ida-Rike,

du hattest ein schönes erstes Schuljahr. Das Lernen macht dir Freude und du hast viel gelernt. In der Arbeitszeit gibt es immer wieder Tage, an denen du eine Bastelpause einlegst. Darum mache ich mir keine Sorgen. Ich weiß, dass du es dir gut einteilst: Nach viel Arbeit erlaubst du dir zur Belohnung das Basteln, auch ruhig mal einige Tage hintereinander. Danach bist du wieder jeder Arbeit und Anstrengung gewachsen.

Egal, ob du eine Arbeit wie Rechnen, Schreiben, Lesen machst oder bastelst, du arbeitest konzentriert. Am Anfang warst du eins der wenigen Kinder, das bemerkt hat, wenn es in der Arbeitszeit zu laut wurde. Dann hast du es gesagt und alle haben sich bemüht, leiser zu arbeiten. Auch im gemeinsamen Unterricht bist du stets aufmerksam. Zuweilen wünschte ich mir, dass jedes Kind solches Interesse am Unterricht hätte, wie du es hast, und unsere Regeln so gut einhalten könnte, wie du es kannst.

Schon lange schreibst du so, dass jeder Erwachsene es lesen kann. Dein letztes Diktat hat mich sehr gefreut. Du hörst inzwischen jeden Buchstaben gut. Die Buchstaben im Kleinen Buchstabenheft hast du ordentlich und fleißig erledigt. Du hast dir vorgenommen, das Heft „zügig" durchzuarbeiten. Das hast du geschafft.

Du liest gerne, auch wenn du die Mühen noch spürst. Nach einer Seite sind deine Augen angestrengt. Das ist normal, wenn man das Lesen erst lernt. Je mehr du liest, desto leichter wird es dir fallen. Und da dir Lesen trotz aller Anstrengung Freude macht, wird es nicht mehr lange dauern, bis du es mühelos schaffst.

Rechnen tust du nicht nur mit Frau Spießl[1]. Oft nimmst du dir in der Arbeitszeit dein Rechenheft her, dazu die Farbige Perlentreppe oder einen Rechenkasten. Du arbeitest häufig mit den Streifenbrettern. Das merkt man dir an. Viele der Aufgaben im Zahlenraum 1–20 kannst du bereits im Kopf rechnen.

Turnen gehst du gerne und du magst auch unsere schnellen Laufspiele. Mehr aber noch, glaube ich, magst du das Tanzlied aus Tu-Tzing. Es ist eine lange, konzentrierte Tai-Chi-Übung. Du hast die schwierigen Formen schnell gelernt und führst sie gut aus.

[1] Eine zusätzliche Lehrerin während der täglichen Freien Arbeit

◆ Liebe Isabel,

du hast in diesem Schuljahr viel gelernt. Immer mehr bist du Isabel geworden. Immer mehr kannst du alleine arbeiten, eigene Geschichten schreiben und eigene Bücher machen. Auch wenn du lieber Ricardas Geschichten abschreibst oder einem anderen Kind ein Buch nachmachst, ist es wichtig, dass du deine eigenen Sachen machst. Du kannst es. Auch wenn du es mir zuweilen schwer machst: Als ich dir zum Beispiel nicht erlaubt habe, das Wespenbuch mit Lorena zu machen, hast du lange versucht, mich zu überreden. Das lohnt nicht. In der Versammlung konntest du dich freuen über das, was du geschafft hast: ein eigenes Buch über Hamster, wie wir noch keines haben. Nimm dir vor, so viel wie möglich alleine zu arbeiten. Dann wirst du selbstständig und – vertraust auf Isabel. Das zu lernen ist eine Aufgabe, die du in der Schule zu meistern hast.

Das Schreiben hast du gut gelernt. Alles, was du schreibst, kann jeder Erwachsene lesen. Beim letzten Diktat hast du sogar gewusst, dass man Hammer am Ende mit er schreibt und nicht mit a, wie manche meinen. Du schreibst gerne. Inzwischen gelingen dir gute Geschichten. Zwei davon hast du bereits gedruckt. Die zweite ist eine Sachgeschichte über die Kaulquappen, die wir von dir haben. Ich hoffe, du denkst auch im nächsten Schuljahr an uns, wenn du Froschlaich findest.

Wenn du mir vorliest, freue ich mich jedes Mal, wie gut es klappt. Du kannst es gut. Und je mehr du es übst, desto leichter wird es dir fallen.

Beim Rechnen merkst du, dass es mit dem Material gut geht. Die Arbeit mit jedem Rechenmaterial ist wichtig für dich. Nachdem du in deinem ersten Schuljahr das Schreiben und Lesen gut gelernt hast, solltest du dir für die Arbeitszeiten im zweiten Schuljahr besonders viel Rechenmaterialien vornehmen.

Beim Zeichnen hast du viel dazugelernt, auch wenn du nicht immer mit deinen Ergebnissen zufrieden bist. Hier gilt wie bei so vielem: Übung macht den Meister. Allerdings musst du dich darauf einlassen. Wenn ich dir einen Rat gebe, mache ich das nicht, um dich zu ärgern oder weil mir dein Bild nicht gefällt. Es sind Hilfen, die eine Lehrerin gibt, die schon lange geübt hat.

◆ Liebe Janna,

du hast ein großartiges erstes Schuljahr gehabt. Alles, was es in diesem Jahr zu lernen gab, hast du gelernt. In der Arbeitszeit hast du nie Langeweile. Du kommst morgens und gehst an deine Arbeit. Daran arbeitest du konzentriert bis zum Ende der Arbeitszeit. Besonders gerne magst du Nele. Unter dem Versprechen, dass ihr leise arbeitet, erlaube ich dir, öfter mit ihr zusammenzuarbeiten. Du kannst aber genauso gut alleine arbeiten.

Das Schreiben hast du schon gleich zu Beginn verstanden und von Anfang an eine Geschichte nach der anderen geschrieben. Es hat nicht lange gedauert und dein erstes Schreibheft war voll. Schon kurz darauf dein zweites und dein drittes. Du hast dir sehr viel Mühe damit gegeben; zu jeder Geschichte hast du ein schönes Bild gemalt. Eine Seite ist schöner geworden als die andere.

Die Geschichten vom Bären und vom Irgendwas hast du in der Druckerei gesetzt und gedruckt. Du kennst dich in der Druckerei gut aus. Sogar mit der kleinen 12-Punkt-Schrift arbeitest du geschickt und zügig. Du solltest ruhig öfter drucken. Geschichten hast du genügend im Kopf und Freude macht es dir auch. Du musst es mir nur sagen.

Für deine gedruckten Geschichten hast du zwei sehr gekonnte Stempel angefertigt. Den Buchstaben der Woche hast du immer mit großer Sorgfalt erledigt und dein Buch-

stabenheft auch. Du hast eine sehr ordentliche Schrift. So geschickt, wie du mit dem Stift umgehst, gehst du mit dem Roten Faden um. Als Henning[1] ihn uns in unsere Klasse gebracht hat, hast du ihn oft darum gebeten, dir weitere Fadenfiguren beizubringen. Das hat er gerne getan, aber er musste sich auch nicht sehr dabei anstrengen. Du lernst die Fadenfiguren schnell. So hatte er es leicht.

Mit Lucia hast du viel mit dem Goldenen Perlenmaterial und den Streifenbrettern gearbeitet. Beides ist wichtig und man merkt es dir an. Du rechnest schon viele Aufgaben im Kopf – sogar mit Zehnerübergang.

[1]Henning Schüler hat uns besucht und die Kinder auf den Fotos festgehalten.

◆ Lieber Jannik,

erinnerst du dich noch, wie es war, als du in die Montessori-Schule gekommen bist? Deine Brotzeit hast du jeden Tag ungegessen wieder mit nach Hause genommen; gearbeitet hast du kaum – eigentlich gar nicht. Manchmal hast du die ganze Arbeitszeit über draußen im Flur auf deiner Schultasche gesessen und bist nicht hereingekommen. Ich konnte dich noch so sehr darum bitten. In der Pause mochtest du nicht zum Spielen mit den anderen Kindern in den Garten gehen. Das alles, weil du dich so sehr vor dem nomakranken Teshome gefürchtet hast. Wir beide haben damals eine Verabredung getroffen: Wenn du in der Arbeitszeit arbeitest und in der Brotzeit dein Schulbrot isst, darfst du in der Pause oben bleiben. Diese Verabredung brauchen wir nicht mehr. Du machst alles drei: Du isst deine Brotzeit, du arbeitest, du spielst gerne mit den anderen Kindern draußen in der Pause.

Du hast in diesem Schuljahr viel geschafft!

In der Arbeitszeit bist du am liebsten in der Bücherecke. Zwischen unseren Büchern und anderen Kindern fühlst du dich wohl. Ich lasse dich dort gerne sein, denn du schaust dir unsere Bücher konzentriert an und liest darin. Wenn es dann doch mal mit Emil zu Unterhaltungen über Pausensachen kommt, bitte ich dich, auf deinem Platz zu lesen. Versuch bitte selbst zu gehen, wenn andere Kinder dich ablenken. Sehr gerne diskutierst du mit und lässt dann auch nicht locker. Ich verstehe, dass du Recht behalten möchtest, aber du musst dich nicht in jede Sache einmischen.

In der Arbeitszeit sollst du arbeiten und lernen. Dazu gehört auch das Lesen, aber nicht nur das Lesen. Es fällt dir schwer, eine andere Arbeit zu finden. Wenn ich dich lasse, liest du die ganze Arbeitszeit. Wenn ich dich bitte, anderes zu tun, magst du nicht. Rechnen kannst du gut. Leider tust du es selten und alleine tust du es in der Arbeitszeit gar nicht.

Du arbeitest gut und gerne, wenn du an der Arbeit bist. Aber bis du an die Arbeit kommst, brauchst du viel Kraft von Erwachsenen. Ich glaube, deiner Mutter zu Hause geht es ähnlich. Du musst uns helfen. Du darfst dich nicht zur Arbeit schieben lassen. Du musst alleine gehen. Und gehen kannst du ja!

Deine Mutter hat mir erzählt, dass du früher nicht gerne gemalt hast. Das kann ich gar nicht glauben. Der Glupafall zum Beispiel, den du für Martin gemalt hast, sieht aus, als würde das Wasser wirklich herunterstürzen. Bei unserem ABC hast du dich für das G und H entschieden. Deine Turner sind gekonnt. Deine Idee mit dem Basketballkorb im Hintergrund ist Klasse. Eledil und Krokofant sind dir ebenfalls besonders gelungen und du hast einen wunderschönen Schrankfalter gezeichnet. Man merkt deinen Bildern an, wie viel Freude du beim Machen hast. Deine gedruckten Geschichten hast du alle sauber bestempelt. Du hast sorgfältig und mit viel Ausdauer gearbeitet.

Lieber Jannik, es war ein schönes und anstrengendes Schuljahr mit dir. Anstrengend, weil ich dich zu jeder Arbeit erst hinschieben und überreden muss, schön, weil du in diesem Schuljahr an Mut und Lust gewonnen hast. Du kommst, glaube ich, gerne in die Schule.

◆ Lieber Jerome,

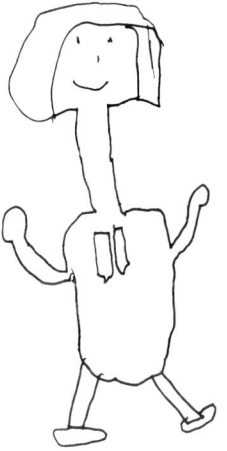

nun ist es um, dein erstes Schuljahr. Am Anfang war es nicht immer leicht für dich. Es gibt so viele Regeln, an die man sich in der Schule halten muss, und viele Kinder, die schon besser lesen oder schreiben oder rechnen können. Manchmal hast du deswegen geweint. Das ist jetzt anders geworden. Schon früh am Morgen kommst du gut gelaunt in die Klasse und begrüßt mich fröhlich. Du gehst gerne an deine Arbeit und merkst, dass dir immer mehr gelingt. Das Hunderter-Brett ist inzwischen fast eine leichte Übung für dich. Du machst es gerne und schreibst es jedes Mal ab. Das ist gut, denn dann üben sich auch deine Finger im Schreiben.

Auch in der Versammlung geht es besser. Ich muss dich zwar zuweilen noch daran erinnern, ruhig zu sein, doch immer öfter denkst du auch selbst daran.

Wenn du dich für eine Arbeit entscheidest, machst du gerne die Römische Brücke, die Braune Treppe oder den Rosa Turm. Du malst gerne.

Immer öfter liest du mit unseren Lesematerialien und merkst selbst, dass das Lesen immer besser klappt. Du hast viel Geduld gebraucht, bis du so weit warst, dass du den Tagesplan vorlesen konntest. Dafür hast du es gut gemacht. Die Buchstaben zu schreiben fällt dir noch schwer, doch es ist besser geworden. Als du die Buchstaben in deinem Schreibheft in die Zeilen schreiben solltest, ist es dir so schwer gefallen, dass du es bei den meisten gar nicht erst getan hast. Das Buchstabenheft, das du im Mai angefangen hast, wird besser. Du hast schon viele Großbuchstaben geschafft.

Im zweiten Schuljahr solltest du mehr mit den Rechenmaterialien arbeiten. Du kannst mit der Farbigen Perlentreppe und den Streifenbrettern rechnen, das Schlangenspiel (Plus und Minus) und das Kleine Multiplikationsbrett machen und immer wieder die kurzen Perlenketten legen.

In der Arbeitszeit malst du gerne, und wenn wir im gemeinsamen Unterricht zeichnen, hast du auch große Freude daran. Beim Malen im gemeinsamen Unterricht waren dir die Aufgaben manchmal zu schwierig. Bei unserem ABC hast du keinen Buchstaben übernehmen wollen. Du hast auf deinem Platz gesessen und den anderen Kindern bei der Arbeit zugeschaut. Ich habe dir die Bücherecke angeboten, aber du warst schon zufrieden damit, dass du keinen Buchstaben machen musstest.

Eledil und Krokofant hast du gerne mitgemacht. Dein Schmetterling ist dir gut gelungen. Du hast sogar einen zweiten gemacht.

◆ **Liebe Kerstin,**

du hast ein gutes erstes Schuljahr gehabt. Vom ersten Tag an bist du morgens in die Schule gekommen und gleich an deine Arbeit gegangen. Wenn du dir eine neue Sache vornimmst, machst du sie so lange, bis du sie erledigt hast. Dann erst nimmst du dir eine neue Arbeit vor. So hast du die Buchstaben in deinem Schreibheft und die Zahlen in deinem Rechenheft erledigt. Oft verlangst du dir mehr ab, als ich es je von dir tun würde. Bei den Zahlen hast du es geschafft, in jedes Kästchen eine zu schreiben. Das ist eine große Leistung. Ich habe die Kästchen auf einer Seite gezählt. Es sind 609.

Du suchst dir gerne Arbeiten, die du auf deinem Platz erledigen kannst. Da hast du Ruhe zum Arbeiten. Die Lesekartei ist gut dafür, die Arbeit im Schreib- und Rechenheft auch. Zwischendurch arbeitest du auch auf dem Teppich: legst das Hunderter-Brett, machst die Spindeln oder den Rechentrainer. Du weißt immer, was du tun kannst, und findest eine gute Mischung zwischen Anstrengung und Erholung. Ich erinnere mich noch gut, wie ich dich in einer Arbeitszeit gebeten habe, außer zu basteln auch noch ein wenig zu rechnen. „Nein, Frau Kühn", hast du mir geantwortet, „ich habe gestern die ganze Arbeitszeit gerechnet. Heute bastle ich nur." Und damit hattest du Recht.

Was du schreibst, kann jeder Erwachsene lesen. Deine Geschichten sind sehr einfallsreich. Fürs Drucken musstest du dir eine Extra-Geschichte ausdenken. Die ersten, die du geschrieben hast, waren dafür zu lang. Inzwischen wechselt die Länge deiner Geschichten. Es gibt kürzere und es gibt längere. Das ist gut so. Besonders gerne reimst du. Bei deinem ersten Reim mochte ich gar nicht glauben, dass du ihn dir selber ausgedacht hast. Du hast viele Reimwörter im Kopf – Topf!

Das Lesen hast du gut gelernt. Du liest sehr viel, sogar ganze Bücher. Den Tagesplan kannst du so vorlesen, dass jedes Kind dich gut versteht. Bitte denk auch in der Versammlung daran, wie laut und deutlich du reden kannst.

Rechnen magst du gerne. Als Frau Spießl dir das Streifenbrett Minus gezeigt hat, hast du mit großer Freude viele Arbeitszeiten damit gearbeitet. Am schönsten ist es für dich, wenn du mit ihr alleine arbeiten kannst. Dann musst du dich nach keinem anderen Kind richten. Du rechnest bereits viele Aufgaben im Kopf. Vergiss bitte trotzdem nicht, dass es in der Kartei Aufgaben gibt, die dafür da sind, dass du sie mit einem Material rechnest.

Beim Zeichnen hast du eine große Begabung. Du schaust sehr genau hin. Deswegen sehen deine Zeichnungen auch so gut aus. Den Brotzeitbecher in deinem Schreibheft habe ich gleich erkannt.

Zum Turnen gehst du gerne. Du bist eine schnelle und geschickte Läuferin. Bei unseren Laufspielen muss ich mich wirklich anstrengen, um dich zu fangen.

◆ Lieber Kilian,

du hast in deinem ersten Schuljahr viel gelernt. Erinnerst du dich noch daran, wie schwer es dir morgens gefallen ist, wenn deine Mutter oder dein Vater sich von dir verabschieden wollten? Oft habe ich dich festhalten müssen, damit du geblieben bist. Inzwischen bleibst du. Und fährst sogar zum Turnen mit. Das ist gut so, denn du bist geschickt und ein schneller Läufer bist du auch. Du magst die spannenden Laufspiele, bei denen du durch die Turnhalle flitzen kannst.

In der Arbeitszeit rechnest du am liebsten mit Frau Spießl. Wann immer du kannst, gehst du zu ihr. Bei ihr fühlst du dich wohl. Mit allen Materialien, die dir Frau Spießl gezeigt hat, kannst du gut rechnen. Durch die Arbeit an den Streifenbrettern kannst du inzwischen viele Plusaufgaben im Kopf rechnen, sogar, wenn sie den Zehner überschreiten.

Lesen und Schreiben ist schwierig für dich. Dafür kannst du nichts. Du übst es, so gut du kannst. Du brauchst Geduld mit dir. Irgendwann wird es auch dir leicht fallen. Manche Dinge brauchen ihre Zeit. Bauchschmerzen und Angst vor der Schule musst du deshalb nicht bekommen.

In der Arbeitszeit malst du gerne. Auch im gemeinsamen Unterricht macht dir das Zeichnen und Malen Spaß. Deine Engel sind dir besonders gelungen. Sie haben vielen Erwachsenen von allen am besten gefallen.

◆ Liebe Linda[1],

du hast in deinem ersten Schuljahr eine Menge gelernt. Viel dazu beigetragen hat Alexander. Alexander ist dein Freund. Er arbeitet oft mit dir zusammen. Dadurch hast du häufig mit dem Goldenen Perlenmaterial gearbeitet. Du weißt, was Einer, Zehner, Hunderter und Tausender sind. Mit Alexander rechnest du viele Plus- und Minusaufgaben. Wichtige Materialien für dich sind auch:
– die Streifenbretter Plus und Minus,
– die Farbige Perlentreppe,
– das Schlangenspiel Plus und Minus,
– die Seguin-Tafeln,
– das kleine Multiplikationsbrett.
Bitte nimm dir im nächsten Schuljahr in jeder Arbeitszeit eine dieser Sachen vor.

Auch das Lesen hast du gelernt. Versuche alleine, ehrlich zu üben. Nimm dir in der Arbeitszeit die Lesemaschine, die Stöpselkästen, die Wörterschachteln und Lesedosen vor. Schummele nicht beim Lesen. Lies das Wort so lange, bis du weißt, was es bedeutet. Das braucht manchmal seine Zeit. Erst wenn du ganz sicher bist, schaust du nach, ob du es richtig gelesen hast.

Denk bitte daran, dass du beim Arbeiten flüsterst. Wenn du etwas von einem Kind möchtest, rufst du nicht durch die ganze Klasse; du gehst hin und fragst das Kind leise und höflich. Überlege dir auch, ob es wichtig ist, was du von dem Kind willst. Wenn du eine Arbeit alleine erledigst, mach sie für dich. Bleib bei deiner Arbeit. Misch dich nicht in die Arbeit anderer ein.

Besonders gut kannst du alleine bei Frau Lewerenz arbeiten. Das letzte Diktat hast du bei ihr geschrieben. Du hast alle Wörter schreiben können. Auf deinem Sitzplatz in der Klasse gelingt dir das Schreiben nicht so gut. Du schaust bei anderen Kindern ab, fängst an zu reden und arbeitest nicht mehr konzentriert. Zur Hilfe kannst du dich an den Tisch auf dem Flur setzen. Du musst mich nur darum bitten. Ich erlaube es dir gerne.

In der Arbeitszeit malst du gerne. Das ist gut so, dennoch meine Bitte an dich: Schau, dass du etwas mehr auf ein Blatt malst als nur einen gelben Strich oder einen roten Punkt. Du verbrauchst sehr viele Blätter von unserem teuren Papier. Zum Turnen gehst du gerne. Du liebst die schnellen Laufspiele, bei denen du durch die Halle flitzen kannst. Besonders gerne, glaube ich, magst du die spannende „Löwenjagd".

[1]Linda ist ein Kind mit sonderpädagogischem Förderbedarf.

◆ Liebe Lucia,

schon ist es um, dein erstes Schuljahr, und du hast alles gelernt, was es zu lernen gab. Wenn du morgens in die Schule kommst, gehst du gleich an deine Arbeit und die erledigst du, bis die Arbeitszeit zu Ende ist. Gewiss ist nicht jeden Tag alles so, wie du, Lucia, es dir wünschst. Aber das liegt nur daran, dass in unserer Klasse noch 24 andere Kinder sind. Sie haben die gleichen Rechte. Und das weißt du ja auch. Ganz selten nur findest du es ungerecht, dass alles gerecht ist.

Das Schreiben hast du gut gelernt. Nun kann jeder Erwachsene lesen, was du schreibst. Du schreibst schöne Geschichten in deinem Schreibheft. Drei davon hast du gedruckt. In der Druckerei arbeitest du sehr gut. Deine Drucke werden sauber und ordentlich. Auch mit der kleinen 12-Punkt-Schrift gehst du geschickt um. Wenn du in der Druckerei arbeitest, weiß ich, dass ich mich darauf verlassen kann. Du setzt alle Buchstaben richtig und ordentlich zurück.

Als Leon geboren wurde, hast du seine Geburtskarte gesetzt und gedruckt. Das war eine Arbeit, wie ich sie sonst in der Druckerei mache. Du hast sie nicht weniger gut erledigt. Und dass meine Drucke noch schöner werden als deine, muss so sein. Ich drucke schon sehr lange. Auch du kannst immer besser werden, je öfter du in der Druckerei arbeitest.

Beim Rechnen hast du Riesenfortschritte gemacht. Du arbeitest sehr gerne mit dem Goldenen Perlenmaterial. Das merkt man. Vor einiger Zeit hast du mich gebeten, dir und Janna Aufgaben zu stellen, bei denen man viel tauschen muss und im Ergebnis Nullstellen vorkommen. Ihr habt alle Aufgaben richtig gerechnet. Ich glaube, Rechnen macht dir großen Spaß. Mit den Streifenbrettern und der Farbigen Perlentreppe arbeitest du häufig. Inzwischen kannst du schon viele Aufgaben (auch mit Zehnerübergang) im Kopf rechnen.

Zeichnen und Malen hast du schon immer gerne gemocht. Doch auch da hast du dazugelernt. Bei den Jaxon-Kreiden achtest du darauf, dass deine Farben zueinander passen. Wenn man sie mit Weiß vermischt, bekommen sie etwas Gemeinsames. Auf diese Weise ist dir beim ABC ein wunderschönes Bild gelungen. Auch deinen Schmetterlingen sieht man an, wie gut du dir überlegt hast, für welche Farben du dich entscheidest. Bei Eledil und Krokofant ist dir etwas Außergewöhnliches gelungen. Man sieht die Bewegung im Bild: Die Tiere turnen.

◆ Lieber Luis,

ich weiß gar nicht, wer von uns beiden in diesem Schuljahr mehr gelernt hat: du beim Schreiben, Lesen und Rechnen oder ich über Pflanzen. Du hast mir viele Namen beigebracht und dabei viel Geduld mit mir gehabt, wenn ich zum Beispiel schon wieder das Leberblümchen mit dem Immergrün verwechselt habe.

Du interessierst dich für die Natur. Du schaust sie dir genau an. Deine Gedanken sind sehr gründlich. Das ist eine große Gabe. Es ist auch der Grund, warum du lange an den Dingen verweilen kannst. Langsam ist gut, nicht schnell. Das spürst du und deinen Arbeiten sieht man es an. Dein Hühnerbuch ist außergewöhnlich geworden. So außergewöhnlich, dass ich davon eine Kopie gemacht und sie Frau Spießl zum Geburtstag geschenkt habe. Ich hoffe, du hast nichts dagegen. Auch dein Pflanzenbuch ist besonders geworden. Es besteht aus gepressten Blumen und ergänzenden Zeichnungen.

So genau, wie du es mit der Natur nimmst, nimmst du es auch mit dem Schreiben, Lesen und Rechnen. Das Schreiben hast du gut gelernt und machst es gerne. Was du schreibst, kann jeder Erwachsene lesen. Auch das Lesen hast du gut gelernt und dir muss ich es nicht sagen: Je mehr man liest, desto leichter fällt es einem. Übung macht den Meister.

Du rechnest gerne – und gut. Von den Aufgaben am Streifenbrett kannst du schon viele im Kopf rechnen. Wenn ich in der Versammlung die Kinder zähle und anschließend frage, wie viele Kinder fehlen, geht dein Finger meistens als einer der Ersten hoch.

Du hast eine ordentliche und klare Schrift. Zu Beginn deiner Schulzeit hast du für eine Zeile Buchstaben eine ganze Arbeitszeit gebraucht. Diese Zeit ist lange vorbei. Das Buchstabenheft hast du rasch erledigt.

Zum Turnen gehst du gerne. Du magst unsere schnellen Laufspiele und bist gerne Fänger, wenn es darum geht, Löwen zu jagen. Das Umziehen schaffst du gut. Du musst keine Sorge mehr haben, dass du dabei zu langsam bist.

◆ Lieber Lukas,

schon ist es um, dein zweites Jahr in der Schule. Obwohl ich nicht wissen kann, wie dein erstes Jahr war, glaube ich, dass dein zweites besser war. Du bist zu mir gekommen und hast geglaubt, dass du schlecht im Rechnen bist – so schlecht, dass du es vielleicht nie richtig lernen wirst. Wenn man so etwas ein Jahr von sich glaubt, kann es manchmal sehr lange dauern, bis man begreift, dass es so nicht ist. Noch bist du beim Rechnen oft unsicher, auch wenn Frau Spießl oder ich mit dir rechnen. Doch egal, wie unsicher du dich fühlst, eins hast du dir fest vorgenommen: Diese Unsicherheit willst du verlieren. Jeden Tag beginnst du die Freie Arbeitszeit mit Rechnen. Das ist gut so.

Besonders unsicher bist du nach den Ferien. Vielleicht, weil du in den Ferien übst und dazu keine Materialien hast. Erst wenn du wieder einige Wochen bei uns in der Schule bist, verlierst du langsam deine Angst und es geht (dir) gut beim Rechnen.

In der Arbeitszeit gehst du gleich, wenn du kommst, an das Schlangenspiel oder das Kleine Multiplikationsbrett. Wenn dann später Alexander kommt, macht ihr oft etwas zusammen. Alexander ist ein guter Rechner, und wenn ihr gemeinsam mit dem Goldenen Perlenmaterial arbeitet, lernst du dabei sehr viel.

Du bist ein großer Erfinder und Erzähler von Märchen. Am Anfang hat das manchmal einige Kinder irritiert, wenn du dir zum Beispiel in der Brotzeit etwas ausgedacht hast. Die Kinder wussten nicht, dass du dir gerne Märchen ausdenkst. Inzwischen wissen sie es. Und alle mögen gerne, wenn ich deine Geschichten in der Versammlung vorlese. Besonders gut kannst du zeichnen. Dein Geschichtenheft wird ein großer Schatz: Du schreibst märchenhafte Geschichten und zeichnest dazu zauberhafte Bilder. Bei der Geschichte und dem Bild von Frau Lake waren nicht nur alle Kinder erstaunt, dass die ganze Geschichte auf dem Bild wiederzufinden ist, auch ich war erstaunt, dass dir eine so komplizierte Zeichnung gelungen ist: Frau Lake steht mit dem Rücken vor dem Spiegel und im Spiegel kann man Frau Lake von hinten sehen – so wie es in Wirklichkeit ist.

Obwohl du alle Buchstaben schon kanntest, hast du fast jeden Buchstaben der Woche in deinem Schreibheft erarbeitet. Du bist sehr fleißig. In der Arbeitszeit bemühst du dich, zu jeder Sache eine Arbeit zu machen: zum Rechnen, zum Schreiben und zum Lesen. In der Arbeitszeit machst du auch gerne Sinnesmaterialien wie die Einsatzzylinder mit verbundenen Augen, das Geruchsmemory, den Kasten mit Stoffen, das Pinzettenspiel, die geometrischen Körper. Du hast immer etwas zu arbeiten. Nie störst du ein anderes Kind bei seiner Arbeit.

In eurem Musikprojekt vom Hort hast du herausgefunden, dass Ballett etwas sehr Schönes für dich ist. Ich glaube auch, dass es gut zu dir passt – so wie das Geigespielen, was du nach Erzählungen deiner Mutter sehr gut können musst. Ich freue mich schon jetzt, dir einmal zuhören zu dürfen.

◆ Liebe Lorena,

du hast ein erfolgreiches erstes Schuljahr gehabt. Vom ersten Tag an fiel es dir leicht, die Regeln zu verstehen und dich an sie zu halten. Du bemerkst sogar, wenn andere Kinder das eine oder andere vergessen. Mit deiner freundlichen Art erinnerst du sie

dann. Du bist eine wichtige Stütze in der Klasse. Auf dich kann ich mich verlassen. Schon vor der Schule hast du viele wichtige Dinge gelernt, die manchen Kindern noch jetzt schwer fallen. Beim Turnen warst du anfangs ganz erstaunt, dass ich manchen Kindern beim Anziehen geholfen habe. Dir brauche ich nicht zu helfen und deine Sachen könnte ich nicht schöner zusammenlegen, als du es jedes Mal tust. Für dich ist es selbstverständlich, dass du die Bücherecke aufräumst. Wenn das Staubwischen in unseren Regalen wieder dringend ist, übernimmst du es gerne. Du sorgst dich um deine Umgebung.

Du hast in diesem Schuljahr viel gelernt. Das hat mit deiner guten Arbeitshaltung zu tun. Was du machst, machst du gewissenhaft und mit großer Ausdauer. Jede Arbeit, die du anfängst, bringst du zu einem Ende. Ich glaube, Lernen macht dir große Freude.

Erinnerst du dich noch, wie du am Anfang geschrieben hast? Inzwischen schreibst du so, dass jeder Erwachsene es lesen kann. Du kannst sehr genau hören, wie ein Wort klingt. Zwischen den Wörtern lässt du Lücken. Ich erinnere mich gut an den Tag, an dem du gemerkt hast, dass du Wörter schreiben kannst. Aus dem Kasten mit den Karten hast du dir eine Karte nach der anderen geholt und das Wort dazugeschrieben. Nun schreibst du ganze Geschichten.

Den Buchstaben der Woche hast du gerne erledigt. Das Schreiben in die Zeilen ist dir dabei leicht gefallen. Du hast viel zu Hause auf deiner Tafel geübt. Das hast du dann auch beim Buchstabenheft gemerkt. Du hast es rasch und ordentlich erledigt – mit einer sauberen Handschrift. Mit dem Schreiben hast du das Lesen gelernt. Du liest gerne und oft bringst du ein Buch von zu Hause mit in die Schule. Das freut alle Kinder.

Du rechnest sehr gerne mit dem Goldenen Perlenmaterial und weißt genau, wann man tauschen muss. Als du vor kurzem noch einmal die Streifenbretter mit Frau Spießl gemacht hast, hast du plötzlich festgestellt, dass man das Ergebnis ablesen kann. Das war dir zu wenig Herausforderung. Du hast dir Aufgaben geben lassen und diese langsam und sicher im Kopf gerechnet. Auch den Zehnerübergang hast du gleich verstanden.

◆ Lieber Martin,

die Kinder in deiner neuen Klasse und deine neue Lehrerin können sich freuen: Mit dir bekommen sie einen fröhlichen und freundlichen Jungen! Du wirst rasch viele Freunde haben. Bei uns mag dich jedes Kind und alle werden dich vermissen. Auch ich werde dich vermissen. Du warst mir eine große Hilfe, wenn es in der Pause zu kleinen Streitereien gekommen ist. Du bist verlässlich und machst bei keiner Streiterei mit, selbst dann nicht, wenn dein bester Freund daran beteiligt ist. Nach der Pause haben wir es oft dir zu verdanken, dass wir die Streiterei zufrieden stellend für alle klären. Du hast einen großen Sinn für Gerechtigkeit.

In der Arbeitszeit arbeitest du gerne mit anderen Kindern zusammen und schaust auch gerne bei anderen zu (auch dabei lernt man eine Menge). Genauso gut aber kannst du deine eigenen Arbeiten erledigen. In dieser Woche hast du dir noch einmal bewiesen, wie konzentriert du an Pflichten arbeiten kannst. Als ich dich gebeten habe, dein Buchstabenheft zu beginnen, noch bevor du in die neue Schule wechselst, hast du in einer Arbeitszeit acht Buchstaben ordentlich in die Zeilen geschrieben. Die Druckbuchstaben kannst du inzwischen gut. Am Anfang wird es dir in deiner neuen Schule vielleicht ein wenig schwer fallen. Es kann sein, dass du gleich mit der Schreibschrift beginnen musst. Wir fangen damit im zweiten Schuljahr an.

Auch beim Rechnen wirst du vielleicht ein wenig Schwierigkeiten haben. Du arbeitest gut mit allen Materialien und viele Aufgaben kannst du schon im Kopf rechnen. In deiner neuen Schule wird es unsere Materialien nicht geben. Aber du wirst dich schnell in dein Rechenbuch einarbeiten. Als ich dir darin die Kleiner-/Größeraufgaben erklärt habe, habe ich keine Minute dafür gebraucht. Du hast sie sofort verstanden.

Besonders gerne bist du in der Bücherecke. Alleine oder mit anderen liest du in unseren Büchern über Adler, Wale, Bären, Steinzeit, Ritter und Burgen, Dinosaurier, Edelsteine. Oft leihst du dir auch ein Buch für zu Hause aus oder bringst ein Comic mit. Daran freuen sich viele Kinder. Das Lesen hast du gut gelernt. Das liegt auch daran, dass du in der Arbeitszeit oft mit der Lesemaschine geübt hast. Beim Schreiben hast du große Fortschritte gemacht. Alles was du schreibst, kann ich lesen. Selbst solche schwierigen Wörter wie Pythonschlange.

Beim Turnen bist du sehr geschickt. Ein guter Läufer bist du auch, und dass du gut Fußball spielst, muss ich dir nicht sagen. Beim Singen werden alle hören, dass du nicht mehr da bist. Du lernst die Melodie und den Text eines Liedes so schnell, dass du meine Stimme verlässlich unterstützt.

◆ **Liebe Nele,**

erinnerst du dich noch, wie du zu mir gekommen bist? Ich glaube, du hattest viel Angst, dass du etwas falsch machen könntest oder dass ich dich nicht mögen könnte. Ich habe dich vom ersten Schultag an gemocht. Du bist ein freundliches Mädchen, mit einem Kopf voller Ideen und Gedanken. Zu meinen Freuden des Schultags gehört, dass

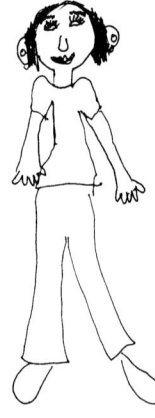

du jeden Tag, nachdem du dich in der Garderobe angezogen hast, noch einmal zurückkommst ins Klassenzimmer, mir die Hand schüttelst und Tschüs sagst. So viel Freundlichkeit gibt es sonst nur in Amerika.[1]

In der Arbeitszeit hast du oftmals Langeweile. Es gibt viele Arbeiten, die du nicht gerne machst. Wenn du mich dann fragst, was du arbeiten kannst, und ich dir eine Arbeit vorschlage, ist es meist die falsche. Das tut mir Leid und du musst dir selber eine Arbeit suchen. Am liebsten arbeitest du mit Janna zusammen. Dann magst du fast jede Arbeit. Das Hunderter-Brett zum Beispiel macht dir mit Janna zusammen große Freude, aber auch das Schlangenspiel, das Goldene Perlenmaterial oder die Streifenbretter. Alleine würdest du die Materialien nicht mögen.

Du rechnest in der Arbeitszeit nicht gerne, obwohl du es gut kannst. Für Aufgaben zum Zehnerübergang brauchst du kein Material. Du rechnest sie alle im Kopf. Ich glaube, du findest Rechnen ein wenig langweilig. Das verstehe ich gut. Trotzdem musst auch du es dir oft vornehmen. Rechnen muss man üben – am besten jeden Tag. Dafür hast du von mir das Rechenheft für das zweite Schuljahr bekommen.

Beim Rechnen merkst du, dass es dir schwer fällt, mit Ausdauer an einer Sache zu bleiben. Es gibt aber auch ganz andere Arbeiten. Wenn dir eine Geschichte im Kopf ist, schreibst du sie auf, egal wie lange sie dauert. Deine große Pferdegeschichte hat eine ganze Arbeitszeit gedauert. Du denkst dir gerne eigene Sachen aus, Sachen, die es noch nicht gibt. Das ist eine große Fähigkeit. Viele Menschen können nur denken, was sie bereits kennen. Das geht dir anders. Du erfindest und schreibst zauberhafte Geschichten, eine gelungener als die andere. Dein Geschichtenheft wird ein großer Schatz. Vor allem, weil du zu deinen Geschichten genauso schöne Bilder malst.

Du schreibst nicht nur zauberhafte, sondern auch kluge Geschichten. Deine Geschichte vom Eichhörnchen ist so eine. Kluge Geschichten schreibt man, wenn man viel nachdenkt. Das tust du. Du denkst über die Welt nach, darüber wie die Dinge sind und warum sie vielleicht so sind. Man nennt das Philosophieren.

Auch Tim fragt sich immer wieder, wie Dinge sind und wieso sie so sind. Gemeinsam könnt ihr lange solchen spannenden Fragen nachgehen. Das freut mich, auch wenn ich euch deswegen auseinander gesetzt habe. Nebeneinander fällt es euch schwer, daran zu denken, dass ihr in den Zeiten des gemeinsamen Unterrichts keine privaten Diskussionen führen sollt, auch wenn euch die Sache beschäftigt. Das Auseinandersetzen war von mir als Hilfe gedacht. Und so habt ihr es ja auch verstanden.

[1]Nele hat ihr drittes bis sechstes Lebensjahr in Amerika gelebt und dort die pre-school besucht.

◆ **Lieber Nelson,**

du hast in diesem Schuljahr viel gelernt. Immer besser kannst du dich an die Regeln halten, die für alle Kinder gelten. Wenn du morgens kommst, ziehst du deine Hausschuhe an und trägst dein Kommen ins Buch ein. In den letzten Wochen musste ich dich weder an das eine, noch an das andere erinnern. Du kommst in die Versammlung, wenn ich die Gitarre spiele. Die Brotzeit machst du auf deinem Platz, und wenn du dabei etwas lesen möchtest, holst du dir ein Buch dorthin. Auch im gemeinsamen Unterricht „verschwindest" du nicht mehr in die Bücherecke. Du kannst auf deinem Platz bleiben – wie alle Kinder. Du hast gelernt, in die Klasse zu kommen, ohne mit deiner Mutter lange darüber zu diskutieren, ob dir das Angebot am Tagesplan heute zusagt oder nicht.

Es gab Tage, da mochtest du nicht mehr gerne in die Schule gehen. Du hast gemeint, die Kinder interessieren sich nicht für dich. Diese Tage sind schon lange vorbei. Alle Kinder mögen dich. Als ihr Kinder am Draußentag zusammen ein Lager gebaut habt, haben dich alle Kinder einstimmig zu ihrem Chef ernannt. Sie haben gemeint, du seist ein guter Chef: Du bestimmst, was zu tun ist (das muss ein Chef ja auch), und du arbeitest selber mit (das tut jeder gute Chef). Vor allem waren sie der Ansicht, dass du gerecht bist. Darauf kannst du stolz sein.

Lesen konntest du schon vor der Schule. Längst hattest du ganze Bücher gelesen, wie zum Beispiel „Pippi Langstrumpf" oder „Jim Knopf", inzwischen sogar schon „Harry Potter". Wenn du morgens in die Schule kommst, gehst du meistens zuerst in die Bücherecke oder liest ein Buch auf deinem Platz. Dann passiert es dir zuweilen, dass du die ganze Arbeitszeit über liest. Das findest du selbst nicht gut. Du weißt, dass Lesen eine Arbeit ist, die du sehr gut kannst, und dass es andere Arbeiten gibt, die wichtig für dich sind. Ich habe dir den Vorschlag gemacht, immer erst mit einer anderen Arbeit zu beginnen. Bitte denk daran.

Beim Rechnen verstehst du sehr schnell sehr viel. Auch wenn es dich anstrengt, an einem Material zu bleiben oder im gemeinsamen Unterricht zu rechnen, kannst du es gut. Alles, was ich dir erkläre, verstehst du sofort.

Du hast ein gutes Gefühl für richtiges Schreiben. Schon jetzt im ersten Schuljahr schreibst du die meisten Wörter richtig. Das ist eine große Leistung.

Zum Turnen gehst du inzwischen viel lieber als zu Beginn. Ich glaube, dass hängt auch mit dem Umziehen zusammen. Es ist dir am Anfang sehr schwer gefallen. Und dann war auch noch Winter und du hattest immer eine Strumpfhose an.

◆ Lieber Peter,

du bist ein sehr einfühlsamer und zarter Junge, der sich für viele Sachen dieser Welt interessiert. Mich und die anderen Kinder lässt du das leider nur manchmal spüren. Oft versteckst du diesen Peter vor uns – hinter einem anderen Peter. Der andere Peter albert herum, stört andere beim Arbeiten und findet selbst zu keiner Arbeit. Mit dem anderen Peter habe ich deswegen eine Verabredung in der Arbeitszeit getroffen: Er arbeitet alleine, am besten an seinem Sitzplatz.

Wenn du dich an diese Verabredung hältst, ist alles gut. Du kannst konzentriert arbeiten und dann geht es dir gut. Das spürst du selber. Das ist der Grund, warum für dich die schönste Arbeit die Buchstaben im Schreibheft waren. Es war eine Arbeit, die du Stück für Stück an deinem Sitzplatz erledigen konntest. Du hattest die Buchstaben in deinem Schreibheft lange vor allen anderen Kindern fertig.

An deiner Schrift kann man sehen, wie zart und unsicher du bist. Du drückst den Stift nur sachte auf, auf keinen Fall zu feste. Ein wenig fester solltest du schon drücken.

Du kannst so schreiben, dass jeder Erwachsene es lesen kann. In der Schreibzeit schreibst du viele Wörter. Als ich dich gefragt habe, ob du nicht mal eine Geschichte schreiben möchtest, hast du mir geantwortet, du wüsstest nicht welche. Ich habe dir geholfen. Zusammen ist uns die Geschichte über die Länder dieser Welt eingefallen. Du hast aufgeschrieben, wie man in Italien zählt.

Ich habe dich ermutigt, deine Geschichte zu drucken. Man merkte, dass es meine Idee war. Nach der Hälfte konntest du nicht mehr setzen. Ich habe es gerne für dich fertig gesetzt. Nachdem du die Geschichte gedruckt hast, hat Lucia gerne für dich zurückgesetzt.

Dein Stempel zur Geschichte war nicht leicht. Du hast Italien gezeichnet, so lange, bis wir beide damit zufrieden waren.

Du bist gerne in der Bücherecke. Dort sind auch andere Kinder und manchmal führt dich das dazu, albern zu werden. Dann bitte ich dich, dir ein Buch mit auf deinen Platz zu nehmen. Dort kannst du gut lesen. Noch ist das Lesen ein wenig mühsam, aber je mehr du liest, desto leichter wird es. Den Tagesplan liest du so vor, dass jedes Kind dich gut verstehen kann. Am liebsten liest du ihn, wenn du nicht dran bist. Das finde ich nicht gut. Es stört die anderen. Wenn ich dich drannehme, magst du meistens lieber nicht. Du bist in Sorge, es könnte nicht gut sein. Bitte trau dich. Du weißt, dass bei uns kein Kind ein anderes auslacht, schon gar nicht, wenn es den Tagesplan vorliest.

Lieber Peter, in diesem Schuljahr hast du gelernt, wie du arbeiten kannst, damit du und ich mit dir zufrieden sind. In der Pause schaffst du es jetzt gut, dich nur auf dich zu konzentrieren. Ich höre keine Beschwerden mehr von anderen Kindern.

◆ **Liebe Ricarda,**

dein erstes Schuljahr ist wie im Flug vergangen. Ein Jahr ist es nun her, dass du dich kaum zur Klassenzimmertür hereingetraut hast. Du hast viel Verständnis für die neuen Erstklasskinder, die bei uns zuschauen müssen und nicht hereinkommen mögen. Ich nehme dich gerne zur Hilfe, damit sie sich trauen und an die Arbeit kommen. Auf dich kann ich mich verlassen. Du bist selbstständig und erledigst deine Arbeiten ohne meine Hilfe. Das ist gut so. Manchmal mache ich dich während deiner Arbeit oder im Anschluss an sie auf etwas aufmerksam. Das heißt nicht, dass das, was du tust, schlecht ist und du es beenden sollst. Das heißt, dass das, was du gerade tust, gut ist und noch besser oder noch richtiger wird, wenn du meinen Hinweis befolgst. Ich bin deine Lehrerin. Dir zu helfen ist meine Aufgabe – und meistens nimmst du meine Hinweise ja auch so wahr.

Das Schreiben hat dir vom ersten Schultag an große Freude bereitet. Schnell hast du dein Schreibheft voll gehabt und brauchtest ein neues; schnell hast du das neue Schreibheft voll gehabt und brauchtest ein neues … Du kannst bereits viele Wörter richtig schreiben und benutzt die Groß- und Kleinschreibung. Beim letzten Diktat hast du auch die schwierigen Sachen gewusst: Hammer schreibt man hinten mit er, Fußball am Ende mit zwei l, Pferd mit d. Das lange Wort Eichhörnchen hast du ganz richtig geschrieben. Und auch bei vielen anderen schwierigen Wörtern weißt du, wie man sie richtig schreibt.

Das Lesen hast gut gelernt. Den Tagesplan kannst du so vorlesen, dass jedes Kind dich sehr gut verstehen kann. Denk bitte auch immer in der Versammlung daran, wie laut und deutlich du sprechen kannst. In der Versammlung freue ich mich über die Kleinigkeiten, die du uns manchmal mitbringst. Du traust dich, sie vorzustellen. Die Dose mit dem polnischen Geld von deinem Papa hat nicht nur mir gefallen. Jedes Kind hat sie sich in der anschließenden Arbeitszeit interessiert angeschaut – deine Zähne auch.

Rechnen kannst du gut und dennoch hast du eine gute Selbsteinschätzung. „Ich finde auch die leichteren Aufgaben schwer", hast du mir einmal gesagt. Das sind sie auch. Und ich wäre froh, jedes Kind würde das so sehen und die Aufgaben üben, üben, üben … Je mehr man auch die leichteren Aufgaben übt, desto besser und schneller wird man im Kopf auch bei den schwereren Aufgaben. Du arbeitest viel mit den Rechenmaterialien. Bitte mach das weiter so. Das Markenspiel, die Streifenbretter, die Farbigen Perlenketten, das Kleine Multiplikationsbrett, das Goldene Perlenmaterial, das Schlangenspiel Plus und Minus sind gute Materialien für dich.

In der Arbeitszeit malst du sehr gerne. Auch beim Zeichnen oder Malen im gemeinsamen Unterricht arbeitest du gerne mit. Manchmal bist du enttäuscht von dir.

Dein Engel hat dir so wenig gefallen, dass du ihn nicht als Einladungskarte zur Weihnachtsfeier mit nach Hause nehmen wolltest. Auf dem Weihnachtsmarkt haben deinen Engel besonders viele Leute gekauft; immer wieder musste ich deinen Engel nachmachen.

◆ Lieber Simon,

schon ist es um, dein erstes Schuljahr, und du fandest es halb gut, halb anstrengend. In manchen Arbeitszeiten hast du gut und fleißig gearbeitet, in anderen warst du müde. Dann hast du dich in der Bücherecke ausgeruht oder den Rosa Turm und die Braune Treppe gemacht. Das ist in Ordnung und muss auch sein. Man kann nur gut arbeiten, wenn man die Kraft dazu hat.

Das Schreiben hast du gut gelernt. Jeder Erwachsene kann lesen, was du schreibst. Viele Wörter schreibst du bereits richtig. Beim letzten Diktat hast du gewusst, dass man Pferd am Ende mit d schreibt, obwohl man ein t hört. Die Mehrzahl ist Pferde. So kann man es herausfinden. Die Buchstaben der Woche hast du mit großer Sorgfalt erledigt. Auch wenn das Schreiben noch mühsam ist, machst du es sehr gut. Das Buchstabenheft hast du fleißig durchgearbeitet.

Die Schrift geht immer von links nach rechts, in jedem Buch, in jedem Heft, in den meisten anderen Ländern dieser Welt. Jedes Kind muss das in der Schule lernen. Du schreibst mit der linken Hand. Da fängt man leicht rechts an. Versuch immer daran zu denken – bei allem, was du schreibst: Setz den Stift auf der linken Seite des Blattes an. Links ist dort, wo du den Stift hältst.

Beim Lesen ist es wie bei so vielem: Übung macht den Meister. Nimm dir in der Arbeitszeit also immer auch ein bisschen Lesen vor. Du hast es gut gelernt. Je mehr du es übst, desto leichter wird es dir fallen.

In der Arbeitszeit arbeitest du meist nur mit Rechenmaterialien, wenn du zu Frau Spießl gehst. Du kannst sie dir selber vornehmen, so wie du es mit dem Hunderter-Brett machst. Die Streifenbretter, die kurzen Perlenketten, das Kleine Multiplikationsbrett, das Schlangenspiel Plus und Minus sind gute Materialien für dich. Mit anderen Kindern zusammen kannst du mit dem Goldenen Perlenmaterial arbeiten.

Zum Turnen gehst du, glaube ich, gerne. Du magst die schnellen Laufspiele, bei denen du durch die Halle flitzen kannst. Eine besonders große Freude habe ich dir mit den Draußentagen gemacht. „Draußentag ist mein neues Lieblingsfach", hast du deiner Mutter erzählt.

In der Arbeitszeit habe ich noch eine Bitte an dich: Versuche, leiser zu reden. Auch das Flüstern muss man erst lernen, wenn man gewohnt ist, sehr laut zu reden.

◆ **Lieber Tim,**

dein erstes Schuljahr war sehr erfolgreich für dich. Du hast eine Menge gelernt und viele Freunde bekommen. Du interessierst dich für viele Sachen dieser Welt. Egal, worüber ich etwas erzähle, du spitzt deine Ohren und stellst mir viele Fragen dazu. Du meinst es genau mit den Sachen und gehst ihnen auf den Grund. So lernt man. Ich habe mich sehr gefreut, dass du die Kaulquappen mit nach Hause genommen hast. Ich wusste, bei dir sind sie in guten Händen! Auch die anderen Kinder schätzen an dir die Ernsthaftigkeit, mit der du über Sachen redest. Es gibt kein Kind, dass sich nicht gerne in angeregte Diskussionen mit dir begibt. Ich bitte dich nur, besser darauf zu achten, dass du die Diskussionen nicht dann führst, wenn ich für alle Kinder gemeinsam etwas erkläre.

Weil du deine Sachen genau machst, lernst du schnell. Das Schreiben konntest du vor der Schule noch nicht. Du hast es gelernt und inzwischen schreibst du für dein Alter schon viele Wörter richtig. Beim letzten Diktat hast du Hammer am Ende richtig mit er geschrieben, Fußball mit zwei l.

Du hast eine sehr klare Schrift. Deine Geschichten schreibst du mit Kleinbuchstaben und langsam bekommst du ein Gefühl dafür, welche Wörter man am Anfang großschreibt. Deine Schrift ist so gut, dass ich dir das Buchstabenheft erlassen habe. Du hast es trotzdem gemacht – zügig und ordentlich.

Dass du gut mit dem Stift umgehen kannst, sieht man auch deinen Zeichnungen an. Deinen Engel haben besonders viele Leute gemocht; dein Schmetterling ist auffallend schön. Besonders gut gelingen dir deine Bücher. Das Steinzeit-Buch zum Beispiel ist hervorragend. Man erfährt darin viel über die Sache und – wie jedes deiner Bücher – hat es sehr schöne Bilder. Das Lexikon-Buch, das du mit Kerstin begonnen hast, ist schon jetzt ein großer Schatz. Ich würde mich freuen, wenn du im zweiten Schuljahr weiter daran arbeitest. Ein Lexikon braucht so lange. Aber die Mühe lohnt sich.

Auch im Rechnen bist du sehr erfolgreich. Du kennst dich gut aus und verstehst die Einführungen in ein Material sofort. Es wundert mich ein wenig, dass du in den Arbeitszeiten nicht öfter rechnest. Im Kopf kannst du bereits dreistellige Plusaufgaben rechnen, wenn sie ohne Überschreiten sind. Das Markenspiel hast du so gut verstanden, dass du damit alleine arbeiten kannst. Den Kleinen Rechenrahmen würdest du gut verstehen – und ich würde ihn dir gerne zeigen. Bitte nimm dir mehr dieser Materialien vor.

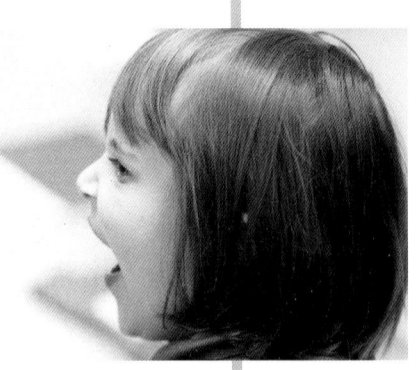

Nachwort

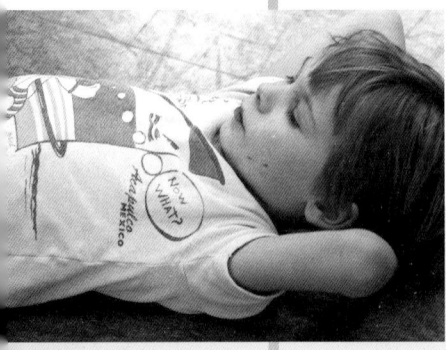

Kinder brauchen keine Lehrer.
Kinder brauchen gute Lehrer.

Schule ist Zeitverschwendung. Jedem Kind fällt Besseres ein, als still in der Schule zu sitzen, um so merkwürdige Sachen wie *Plutimikation* zu lernen. Oder um auf eine Lehrerfrage zu antworten wie diese: *Gustav hat mit seinen Freunden einen Schulausflug gemacht. Er hatte eine Krone, als er abfuhr, und sieben Öre, als er zurückkam. Wie viel hat er verbraucht?* Pippi Langstrumpf, die unter Kindern nicht zuletzt wegen ihres klaren Verstandes hohes Ansehen genießt, wüsste lieber, warum Gustav so verschwenderisch war. Doch das weiß die nette Lehrerin nicht und das interessiert sie auch nicht. Unter diesen Bedingungen sieht Pippi keinen Grund, auch nur eine Stunde länger in der Schule zu bleiben. Sie schwingt sich auf ihr Pferd und reitet *mit schallendem Gelächter durch die Pforte, dass die Steinchen um die Pferdehufe fliegen und die Fensterscheiben der Schule klirren.*[1]

Astrid Lindgrens Geschichte stärkt die Kinder in ihrer Ahnung, dass es zum *wahren* Größerwerden *keiner* Schule bedarf. Dafür steht die kluge, die starke, die glückliche Pippi. Aber die Geschichte sagt eben auch, dass das schulfreie Leben zumindest dort, wo Astrid Lindgrens Bücher gelesen werden, eine kindliche Sehnsucht bleibt. Pippi kann ins Leben reiten; Thomas und Annika müssen in der Schule sitzen. Zu lernen gibt es hier wie dort, doch das Lernen ist hier und dort ein anderes.

◆ Die Leichtigkeit des Lernens

Leben ist Lernen; Lernen macht glücklich. Vom ersten Lebenstag an richtet das Kind seine Sinne auf neue Reize, sucht Abwechslung und Stimulation. Bald krabbelt es in alle möglichen Ecken, immer auf der Suche nach Neuem, nach dem immer wieder etwas Neues kommt. Im Alter von etwa einem Jahr stellt es sich auf die eigenen Füße, steht frei und läuft allein. Eine weitere Welt wird ihm zugänglich und beherzt tritt es ein. Dann die Sprache. Das Kind kann nicht anders, es lernt sprechen wie von selbst. Bereits im Alter von drei oder vier Jahren versteht es komplexe grammatikalische Strukturen und – verblüffender noch – wendet diese auch an. Wieder öffnet sich ihm eine neue Welt, die des Miteinanders im Gespräch. Wieder kann nichts und niemand es davon abhalten, sich darin einzurichten. Damit einher entwickelt sich die Fähigkeit, die Dinge nicht nur zu sehen, sondern sie auch zu denken. Es bildet eigene Welten im

Kopf und kann über Vorstellungen lachen, die es sich selber macht. Die Vernunft erwacht und mit ihr die Fähigkeit eines immer stärker *zielgerichteten* Lernens.

Zum Lernen gehört die Anstrengung – kein Kind scheut sie. Im Gegenteil. In dem, was jetzt noch zu schwierig ist, sieht es das bald Mögliche und nimmt es als Herausforderung. Das rechte Maß hat es in sich: immer etwas mehr als das, was es bereits kann – Stück um Stück, Schritt um Schritt, Einfall um Einfall, Gedanke um Gedanke. Es gibt keine Grenze. Kein Kind kommt je an das Ende seiner Möglichkeiten. Gern versucht es sich auch in größeren Sprüngen. Dabei kann es sich verschätzen, auch mal mutlos werden, wenn die Dinge sich dann doch als überfordernd erweisen. Das kann in Tränen enden, wird aber aufgewogen durch Anderes, Gelungenes. Und durch Zuversicht: Morgen kann gelingen, was heute noch unmöglich ist. Morgen also, auf ein Neues! Hauptsache, das Kind findet in seiner Umwelt immer wieder und immer genug Anregendes, auf das es seine Neugier richten kann.

Diese Fähigkeit teilt das Kind mit allen Kindern der Welt. Homo sapiens ist, man weiß es nicht so genau, etwa 50000 Jahre alt. Vom warmen Afrika aus hat er die Welt bis zum Eismeer bevölkert. Wo er hinkam, passte er sich – lernend – an und konnte – genetisch – bleiben, der er war. Man kann das im Blick auf die individuelle Entwicklung eines Kindes gar nicht ernst genug nehmen: Jedes ist ein nahezu unermüdlicher Lerner. Aber diese Kraft kommt nicht aus dem Hier und Jetzt, sondern aus unserer Evolutionsgeschichte. Ein Lernort Schule ist in ihr nicht vorgekommen.

◆ Die Schwierigkeit der Schule

Die Schule ist eine *kulturelle* Erfindung. Als Pflichtschule tritt sie bei uns erst im 19. Jahrhundert in die kindliche Lebenswelt und etabliert sich bald im kleinsten Dorf. Als Lernraum wirkte sie lange Zeit nur trist. Zureichend Licht und Luft sollten eindringen, alles andere sollte draußen bleiben. Darin zeigte sich gewiss die Armut der frühen Elementarschule, aber man täusche sich nicht: Mehr noch zeigt sich in dieser Kargheit ihre ganz eigene Sache und Methode. Nichts, was die Neugier eines Kindes *von sich aus* wecken und es zum Lernen verführen könnte, soll ablenken. Vor die Kinder tritt allein – der Lehrer. Er hat eine große Tafel, ein Stück Kreide und einen Schwamm. Die Kinder sind nun Schüler; jeder Schüler hat eine kleine Tafel, einen Griffel und ein Schwämmchen.

Was es zu lernen gibt, findet auf der Tafel Platz: Buchstaben – A B C D E F G H I J K L M N O P Q R S T U V W X Y Z – und Ziffern – 1 2 3 4 5 6 7 8 9 0. Das ist im Grunde alles. Ein Buchstabe ist eine gewundene und / oder verästelte Linie, die etwas bedeutet. Wer eine Linie sieht, die in bestimmter Weise gewunden und / oder verästelt ist, soll sich einen bestimmten *Laut denken*. Verschiedene Linien bedeuten verschiedene Laute. Die Form der Windungen und Verästelungen einer Linie ist willkürlich. Sie könnte auch ganz anders sein. Aber in der Schule geht es nur um die bestimmten. Mit den Lauten ist es ähnlich. Es gibt viel mehr Laute als die, für die es Buchstaben gibt. Stehen mehrere Buchstaben zusammen, soll man sich eine Lautfolge denken, die, wenn man sie artikuliert, wie ein Wort klingt. Dieses Wort kennt jedes Kind, da es sprechen kann. Sprechen lernt es ohne Schule. In der Schule geht es um *Schrift*sprache. Das ist etwas ganz anderes.

Eine Ziffer ist, gerade so wie ein Buchstabe, eine gewundene und/oder verästelte Linie, bedeutet aber etwas ganz anderes. Wer eine solche Linie sieht, soll sich eine *Menge denken*. Wobei es sogar eine Ziffer für eine Menge gibt, die keine ist. Mit Ziffernfolgen bildet man nicht Wörter, sondern Zahlen. Die werden dann zum Rechnen gebraucht.

Dieses Wenige ist von einer solchen Schwierigkeit, dass Kinder es sich nur unter Mühen und mit kundiger Hilfe zu Eigen machen können. Buchstaben und Zahlen kann man nicht erspielen, erleben, erträumen, sondern nur – denken. Da läuft nichts weg oder stürmt auf einen zu. Kein Glucksen ist zu hören, kein Freudenschrei. Nichts lässt sich in die Luft werfen, zu Türmen bauen oder in den Mund stecken. Buchstaben und Zahlen müssen ganz aus sich heraus verstanden werden; sie sind *pure Abstraktion*.

Kinder sind von Natur aus lernfähig, schulfähig sind sie darum noch nicht. Das *Glück* des Lernens muss sie in ihrem ersten Schuljahr nicht verlassen, aber es stellt sich längst nicht so direkt, so selbstverständlich, so lustvoll ein wie in der Welt, auf die die Kinder von Natur aus vorbereitet sind. Es ist ein schwieriger Weg, bis sie sich in die abstrakten Zeichen so eingedacht haben, dass sie mit deren Hilfe eine Welt betreten können, die, auch wenn sie nur im Kopf entsteht, nicht weniger faszinierend und stimulierend ist als die sie real umgebende.

◆ Die geachtete Lehrerin

Vor diesem spannungsreichen Hintergrund wird jedes leichtfertige Reden von einer „kindgemäßen Schule" leicht zur Augenwischerei, mit der das Problem im Nebel der guten Absichten verschwimmt, zur Lebenslüge, mit der Erwachsene sich von der Zumutung entlasten, die Schule für Kinder ist. Als *kindgemäß* gilt heute etwa dies:
– Der Klassenraum soll als *gemeinsam gestalteter* Ort dem *Wohlgefühl* der Kinder dienen. Fröhlich und bunt soll die Schule sein, damit das Lernen leicht und lustig werde. Die Absicht zeigt sich in (Fenster-)Bildern, Mobiles und Kuschelecken.

– Die Kinder sitzen an *Gruppen*tischen für ein Lernen *mit- und voneinander*. Im Blick soll ihnen nicht die Tafel oder der Lehrer, sondern die Lerngruppe sein. Kein traditioneller Frontalunterricht soll das Lernklima belasten. Man bemüht sich um Werkstatt- und Stationenlernen, um Lerntheke und Lernbuffet.

– Kein kleinschrittiger, gleichschrittiger Lehrgang soll die Kinder gängeln. Vielmehr sollen sie ihren eigenen Lerninteressen *eigenaktiv* und *selbstbestimmend* nachgehen können. Das Befreiungswort heißt *Offener Unterricht*.

Niemand wird gegen Wohlgefühl, Gemeinsamkeit und Offenheit sein können, aber man muss doch sehr genau fragen, wie das damit Gemeinte und Bewirkte dem zielgerichteten Lernen in der Schule förderlich ist. Rasch kann das bunte Beiläufige von den Sachen ablenken, die im Mittelpunkt stehen, kann die Gruppe die Arbeit belasten, die nur individuell zu leisten ist, kann die Offenheit das systematische Lehren erschweren.

In der Grundschule personifiziert die Lehrerin den Bildungsauftrag, der die Schulpflicht begründet. Sie ist es, die den Kindern etwas abverlangen muss, beharrlich und immer wieder, mit wachsendem Anspruch bei wachsender Schwierigkeit. Kein Kind wird sie dafür mögen. Manches wird sie – zumindest hin und wieder – dafür sogar hassen. Davor darf sie nicht fliehen, dazu muss sie stehen. Sie ist die Zumutung in Person.

Zugleich ist sie die Stärkung und Hilfe, die das Kind braucht, um es mit dem Zugemuteten aufzunehmen. Sie lässt keinen Zweifel: Nie wird ihr die Sache wichtiger sein als das Kind, nie darf die Schule dessen Entwicklung belasten. Deshalb ist die Stärkung, die sie gibt, verlässlich und an keine Bedingung gebunden. Jedes Kind hat jederzeit auf sie Anspruch. Die Lehrerin weiß nicht nur um die Schwierigkeiten des Lernens in der Schule, sondern sie kennt sich darin aus, weiß, wie man sie überwindet. In verständnisvoller, einfühlsamer Zuwendung.

Dafür werden die Kinder ihre Lehrerin achten. Manche werden sie – zumindest hin und wieder – dafür sogar lieben. Geachtet zu werden ist der durch Kompetenz erreichbare Lohn des Lehrerberufs, geliebt zu werden sind seine beglückenden Momente. Beides ist vom ersten Schuljahr an möglich, selbst wenn einem ob der Schwierigkeiten zunächst die Stimme versagt. Man muss nicht gleich alles können, um Kindern ein guter Lehrer, eine gute Lehrerin zu sein. Für den Anfang genügt es, alles Wichtige richtig zu machen.

Henning Schüler

[1]Astrid Lindgren: Pippi Langstrumpf. Dieses Buch gibt es seit 1945 in vielen Auflagen und Ausgaben. Darin das Kapitel „Pippi geht in die Schule."

Tanja Kühn

Jahrgang 1972

1991 Abitur am Friedrich-Flick-Gymnasium in Kreuztal / Westf.
Studium für das Lehramt für die Primarstufe an der Universität Siegen mit den Fächern Erziehungswissenschaft, Deutsch, Mathematik und Sachunterricht
als Studentin Mitarbeit am Aufbau des Primarstufenzentrums und der Grundschulwerkstatt
studienbegleitender Erwerb des Montessori-Diploms

1996 Erstes Staatsexamen – mit einer Hausarbeit zur Natur- und Umweltpädagogik
Zweite Ausbildungsphase am Studienseminar sowie an der Laborschule in Bielefeld
1999 Zweites Staatsexamen – mit einer Hausarbeit zur Steinzeit in der Grundschule
2001 Erweiterung der Lehrbefähigung für das Fach Kunst

seit 1999 Klassenlehrerin an der Montessori-Schule in Regensburg

Mitarbeit an den Themenheften der GRUNDSCHULZEITSCHRIFT
„Sachen machen neugierig" (Heft 112, März 1998)
„Mit Kindern in die Steinzeit" (Heft 124, Mai 1999)
„Mit Kindern auf Walfang" (Heft 142, März 2001)
„Lernen durch Nähe und Schauen" (Heft 151, Januar 2002)
„Mit Kindern draußen sein" (erscheint im Frühjahr 2003)

Ko-Autorin des Buches „Draußen sein mit Kindern – Siegerland und Wittgenstein", Siegen 1999